CE QUE JE CROIS

FRANÇOISE GIROUD

CE QUE JE CROIS

BERNARD GRASSET
PARIS

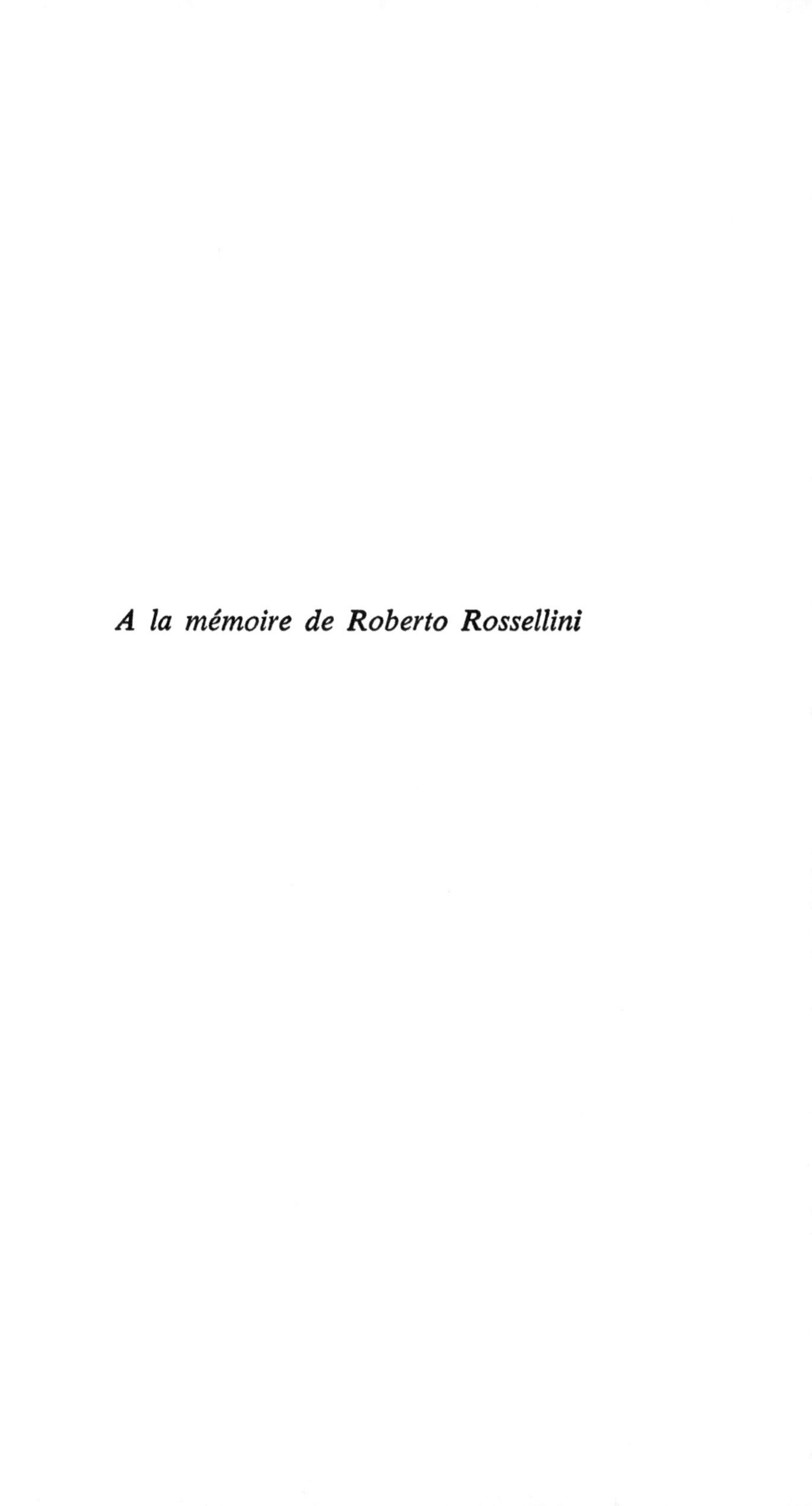

A la mémoire de Roberto Rossellini

« Je ne suis pas toujours de mon
avis. »

Paul Valéry,
Carnets.

J'ai trop écrit, au fil des années, sous la pression de l'événement, de l'émotion, de la nécessité, pour n'avoir pas furtivement exprimé, ici ou là, ce que je crois.

Mais ce ne fut jamais délibéré, au contraire.

Outre l'inévitable impudeur du « je », il est incompatible avec ce que je crois être le bon journalisme où il convient de s'effacer autant qu'il est possible derrière son sujet.

Engagée, de surcroît, pendant près d'un demi-siècle, dans des activités quasiment frénétiques laissant peu de place à la réflexion intemporelle, sollicitée fortement par le quotidien, l'idée ne me serait pas venue de me contraindre à formuler « ce que je crois » si Bernard Privat ne m'avait demandé d'ajouter un titre à cette collection.

C'est toujours une épreuve d'écrire, hors du

lyrisme qui gonfle seul la voile des mots et qui n'est pas dans mes cordes plus que l'effusion.

C'est une épreuve d'un genre particulier de s'obliger à mettre noir sur blanc ce qui s'accommode mieux du flou, du vague, de l'informulé.

Et puis, quand on décolle des faits, on tombe si facilement dans ce jargon que l'on baptise spiritualité...

« Nul, écrit Montaigne, nul n'est exempt de dire des fadaises. Le malheur est de les dire curieusement. »

Tout a commencé avec la Vierge Marie.

L'Immaculée Conception, je ne parvenais pas
à m'y faire.

« Cette enfant a mauvais esprit, disait ma tante
Eugénie. Que lui apprend-on chez elle, pour
qu'elle discute de Dieu à son âge? »

Et parce qu'elle était bonne, parce que j'étais
gourmande, elle me promettait une timbale mila-
naise, ce pour quoi j'avais des faiblesses, à la
condition que je cesse de poser des questions.

Mais cesse-t-on jamais de poser des questions?
A peine apprend-on à ne plus attendre de réponse.

J'ai mis vingt ans à savoir que le ciel, pour
moi, était vide et qu'aucun secours ne me viendrait
de là. Ni d'ailleurs, mais ce fut un peu plus long.

Simonide ayant demandé un jour de délai au
roi Hiéron qui voulait savoir de lui ce que c'était

que Dieu, il le pria le lendemain de lui en accorder deux, le jour d'après quatre, et ainsi de suite. Jusqu'à ce que, le roi s'étonnant de ce qu'il multipliait perpétuellement le nombre des jours, il lui répondit que plus il y pensait et plus il trouvait la chose obscure.

Je crois aujourd'hui que ceux qui font eux-mêmes les demandes et les réponses ont simplement peur dans le noir.

On dira qu'il y a de quoi.

Cependant, s'il me paraît inconcevable de cesser un jour de demander « pourquoi », je crois qu'aucun « parce que » ne m'expliquera jamais le sens de la vie, à supposer qu'elle ait un sens.

Aurais-je hérité d'un autre système nerveux et de glandes surrénales différentes, il en serait sans doute autrement.

J'ai été, comme tout un chacun, programmée.

Ce qui dit « je » s'est construit avec ce qu'il a reçu, là où il lui a été donné de se développer.

Je suis, vous êtes, nous sommes des produits biosociaux.

Le besoin de sens, je le partage avec tous les

humains parce que, sans doute, il est inné. Inscrit quelque part dans le code génétique.

Mais je serais tentée de croire qu'il s'agit d'un loupé dans la fabrication de la machine humaine.

Dans la mesure où je suis libre — mais je ne sais pas ce qu'est au juste la liberté —, je préfère ma soif de sens à la sécurité de ceux qui, croyant l'avoir trouvée, prétendent m'imposer leur vérité.

Il suffit d'un églisier confit dans sa certitude pour me détourner de son église, d'un religionnaire pour me rendre suspecte sa religion.

Le « *compelle intrare* », le « force-les à entrer » de la parabole du Maître de maison de l'Evangile selon saint Luc, a fait autant de victimes, pendues aux crochets des cheminées ou jetées vives dans des brasiers, que le Goulag des prêtres de Marx.

Je crois que toutes les persécutions sont filles d'une foi qui repousse le doute.

Je veux bien périr pour un idéal qui me transcende, mais je ne veux pas supplicier en son nom.

Métaphysiciens, théologiens, philosophes ne me paraissent ni plus ni moins dignes de foi que les astrologues. Je n'ai jamais compris comment on pouvait tourner en dérision ceux qui attribuent aux évolutions de Saturne, Vénus ou Jupiter la forme de leur destin, et affirmer des croyances qui ne sont ni mieux vérifiées ni mieux établies par la science expérimentale.

Le désir n'a jamais fait la preuve de l'existence de l'objet du désir. Le besoin de sens ne prouve pas le sens.

Le Dieu que j'interpelle lorsque la bête s'annonce est, lui, inoffensif.

Le plus souvent, c'est à l'heure où le ciel s'obscurcit.

La journée de travail s'est allongée, dense, le filet des minutes si serré que ses mailles ont tenu la bête en respect.

Agir, c'est se protéger.

Mais le moment arrive où il n'y a plus rien à faire, où la fatigue ralentit les gestes, embrume l'esprit, altère la vigilance.

C'est l'heure où les moteurs humains passent au point mort avant d'embrayer sur une nouvelle vitesse, la petite vitesse de nuit. Ou la grande vitesse, c'est selon. En tout cas, le régime change. Mais toujours, il faut passer par le point mort.

C'est alors que, certains jours, entre la base du

cou et la naissance des seins, la bête se met debout.

Elle s'étire, et pour lui faire place tous les organes doivent se contracter.

Dégoûtante colique du cœur. Douleur si précise parfois que les lèvres se décolorent, le regard se ternit, la voix devient plate et murmure : « Mon Dieu, aidez-moi, vous voyez bien que je vais crever... »

Car la présence de la bête oblige parfois à parler seul. Comme les gâteux. A parler à Dieu comme on demande une piqûre à une infirmière.

Mais la force est incoercible qui fait remonter les paroles de quelque ténèbre de l'enfance.

Si vous priez bien le bon Dieu, papa guérira. Papa ne guérit pas le bon Dieu s'en balance d'ailleurs il n'est pas bon le Vieux Monsieur et s'il est vrai qu'il a l'œil sur tout expliquez-moi donc Miss O'Neill pourquoi les petits Chinois auxquels je dois sacrifier le papier brillant qui entoure les tablettes de chocolat pour en faire des boules dont ils feront de l'argent pourquoi les petits Chinois n'ont-ils pas de riz? Il pense à quoi le bon Dieu?

Taisez-vous. Vous comprendrez plus tard. Ne dites pas des choses qui feraient de la peine à votre mère. Répétez avec moi : « Mon Dieu, faites que... »

Eh merde! Pardon. C'est le fils de la concierge qui m'a enseigné ce mot pendant que vous aviez le dos tourné, Miss O'Neill. Celui qui était épileptique et les locataires disaient : « Ce n'est pas sain. Il fait peur aux enfants. »

Mais les enfants n'avaient pas peur. Ils s'amusaient plutôt et ils auraient assez aimé que ces choses-là leur arrivent. Que tout le monde s'attroupe et les considère. Que maman dise : « Le pauvre petit! »

Etre le pauvre petit, la pauvre petite de maman, c'est autre chose que d'être enfant de Marie et laissez-moi tranquille, Miss O'Neill, ou je vais blasphémer et pour quoi faire, je vous le demande. Quelle importance cela peut-il bien avoir que vous, dans votre tombe, et moi, aujourd'hui, nous divergions sur la question de savoir à quoi sert le bon Dieu.

En dépit de vos soins attentifs d'Irlandaise, vous ne m'en avez pas enseigné le mode d'emploi, voilà tout.

Mais qu'Il me serve aujourd'hui encore d'interlocuteur aux heures d'angoisse, c'est l'une des humiliations qu'inflige la bête.

Je me dis alors que je suis le chien de Pavlov.

Quand leur bête les taraude, il y a des gens qui prennent un alcool, d'autres qui forment en hâte un numéro sur le cadran du téléphone pour demander êtes-vous libre à dîner, d'autres qui pleurent, d'autres qui, las de lutter à l'heure où l'insomnie plombe les draps, échauffe l'oreiller et met l'imagination au galop sur les chevaux de la nuit, avalent des pilules.

Moi, je dis mon Dieu aidez-moi...

Mon Dieu. Mon, pronom possessif. Possessif de quoi? Solliciter l'aide de mon Dieu, pourquoi pas de mon général...

« Je prie Dieu de me tenir quitte de Dieu », disait Maître Eckhart.

Je crois depuis longtemps, avec Stendhal, que la seule excuse de Dieu est qu'il n'existe pas.

En suis-je quitte pour autant avec un surréel qui ne m'aurait pas été révélé, une réalité invisible qui me demeurerait impénétrable?

Non. Il m'arrive de croire qu'il existe un monde suprasensible. Mais je ne sais pas ce qu'il y a dedans.

Quelque chose qui me glisse entre les doigts, qui me nargue, qui m'échappe sitôt que je crois le saisir.

L'appeler Dieu est une commodité de la conver-
sation.

Et l'ordre des choses, me dit-on, que faites-
vous de l'ordre des choses et de son origine?

Je ne sais pas ce qu'est l'ordre des choses, à
part le rythme des saisons et cette façon qu'a la
terre de tourner sur ses gonds.

Que l'aube renaisse éternellement de la nuit est
le plus clair de mes certitudes.

C'est peu pour croire à l'harmonie des choses,
c'est assez pour ne pas nier qu'elle puisse exister,
même si elle ne m'apparaît pas. Ou fugitivement,
dans la musique et parfois la peinture.

Là, oui, est le divin.

« Si Dieu n'existe pas, tout est permis. Commentez cette phrase de Dostoïevski (1821-1881). Vous avez deux heures et vous, Françoise, essayez d'écrire lisiblement s'il vous plaît. »

Nous étions en classe, sous l'auguste surveillance de Madame B.

J'observai ses mains potelées aux ongles recourbés en griffes et je pensai que Dostoïevski ne l'eût pas aimée.

Ivan Karamazov se trompait, j'en étais sûre. Si Dieu n'existe pas, rien n'est permis.

Sur ce thème, vingt pages d'élucubrations ne m'auraient pas effrayée.

Mais Madame B. ne tolérait pas que l'on s'égarât hors des sentiers qu'elle traçait, et le montant de ma pension était impayé depuis le début de l'année. C'est à titre d'élève méritante que j'étais en sursis.

A la moindre indiscipline, l'avertissement tombait, public pour que nul n'en ignore : « Vous que je garde ici par égard pour votre mère... » Et quelques pécores de rire sous cape. Ah! le brave cœur!

Dans la fructueuse institution qu'elle dirigeait avec son jeune mari, loup égaré parmi ces fraîches brebis, Madame B. croyait enseigner la littérature. D'elle, j'aurai surtout appris l'existence des rapports de force.

Je crois, aujourd'hui, qu'il n'en existe pas d'autres et que la vie, cette longue transaction, se passe à être alternativement — ou simultanément — dominateur et dominé.

Le premier des principes de Madame B. était que l'on ne saurait être pauvre et dissipée.

J'ai connu depuis trop de pauvres petites filles riches pour m'attendrir rétrospectivement sur la pauvre petite fille tombée pauvre, comme on dit tombée malade, dont le cahier des charges exigeait que, par l'humilité de sa conduite, elle ne cesse de témoigner de son état.

Au reste, l'humiliation, quand elle ne brise pas, fortifie mieux que l'huile de foie de morue dont ma génération a été abreuvée. J'en ai eu l'échine droite pour l'éternité.

Mais comme d'autres ont, adolescentes, de l'acné, il me poussa à la place de chaque égratignure un piquant dont le nombre me fit longtemps gracieuse comme un cactus.

« Dieu nous aidera », disait ma mère. Il devait être distrait, ces années-là, le Vieux Monsieur.

Elle ne doutait pas, cependant, qu'il fallait y croire, entretenant avec Dieu cette sorte d'intimité domestique qu'elle aurait établie avec un médecin de famille.

Elle croyait aussi, comme M. Bergson qui disait alors la façon dont il était convenable de s'habiller l'esprit, que l'intelligence rationnelle altérait les pouvoirs d'intuition, et qu'en développant l'une, l'homme avait amoindri les autres.

J'ai cru longtemps que l'impact de Bergson tenait à ce qu'il philosophait en un français limpide, contrairement à ses collègues.

Mais je crois aujourd'hui que les philosophies n'ont nullement besoin d'être pénétrées pour imprégner les esprits par osmose, au fur et à mesure que ceux-ci sont en état de les accueillir.

Elles s'apparentent en cela à la mode, dans ce que celle-ci a d'insidieusement irrésistible.

La philosophie de M. Bergson caressait les esprits féminins au point sensible puisque, leur déniant le jugement, on leur accorde l'intuition, soudain réhabilitée du haut de la chaire du Collège de France.

Le gène porteur du dédain du rationnel ne m'a pas davantage été transmis que ceux qui faisaient ma mère belle comme une tulipe.

Je ne lui ressemble pas. Il y a en ma personne quelque chose de court, de compact, qui n'évoque guère la grâce des longues tiges ployées. Et dans mes cellules une sorte d'incapacité à abdiquer durablement la raison.

La raison, précisément, me disait que face à Madame B. mes forces étaient nulles.

Je dissertai donc sagement sur les trois frères Karamazov, le méchant, le moyen et le bon, contre ma pensée ou ce qui m'en tenait lieu, et sans qu'il y manquât un imparfait du subjonctif. Un 18 sur 20-Très bien vint me récompenser. Cette corruption précoce m'a laissé comme une tache que je n'en finirai jamais de frotter et dans laquelle ma plume s'englue dès que je prétends écrire en déguisant mes sentiments. C'est l'un des sales tours que me joue mon for intérieur.

Longtemps, j'ai cru qu'il fallait écrire « fort » intérieur, malgré de bons rapports avec l'orthographe. J'avais, tout le monde avait un Fort intérieur chargé, croyais-je, de tenir en respect la peur, la colère, les larmes, la tentation de mentir, de voler, de défier Madame B. Mais quelquefois le Fort était assoupi. Ou plutôt défaillant.

Effrayée par ma propre noirceur, je suppliais mon Fort intérieur de ne pas me trahir.

La confession me faisait horreur. L'absolution me laissait inquiète. Pardonnée? Qu'en savaient-ils?

Plus tard, j'ai lu l'épître de Jean. « Et si votre cœur vous condamne, Dieu est plus grand que votre cœur. » Mais personne n'a jamais su me convaincre, ce qui s'appelle convaincre, que Dieu est amour.

Les preuves étaient contre Lui.

Et de l'épître, je n'ai retenu que le dernier verset : « Petits enfants, gardez-vous des idoles. »

De ce côté-là, les choses sont réglées.

Quant au souci de mon salut...

J'ai été trois fois au seuil de la mort avec la certitude d'entrer dans le néant. Si j'avais cru me préparer au Jugement dernier pendant les instants qui me restaient, pensais-je, à vivre, j'aurais eu quelques raisons de trembler.

J'emportais mon lot de vilenies.

Il me semblait, cependant, qu'ayant fait le bien que j'avais pu et le mal que je n'avais pas pu m'empêcher de faire, je n'étais rien qu'un petit tas de chair et d'os sans avenir désormais, qui allait bientôt se fondre dans la terre. Question de fusibles. Les miens allaient sauter.

Rejoindre la terre, m'y incorporer, j'aimais cette idée. Pour le moins, elle ne m'effrayait pas.

Toujours, j'ai eu le sentiment violent d'être provisoire et de m'inscrire, signe à la fois unique et sans importance, point fugitif et infinitésimal dans la tapisserie sans fin de la vie universelle.

Quelquefois, mes viscères me trahissent et j'ai peur. Dans la neige, que je hais depuis qu'elle a enseveli mon garçon, dans les rues du bas de la ville, à New York, lorsqu'un passant me frôle, la nuit. Dans la foule, parfois, lorsqu'elle paraît ivre des paroles qu'on lui verse. Ou devant un serpent.

Mais il s'agit d'une peur mécanique, celle d'un corps alerté par le danger qui réagit pour se défendre. Il suffit généralement de quelques inspirations profondes pour l'apaiser et le replacer sous contrôle. Dans ma tête, je n'ai pas peur.

Il me plairait de mourir en Inde, dans l'un de ces lieux où un silence transparent enveloppe les huttes de chanvre beige, et de me consumer longuement, étendue entre deux madriers, sur l'un de ces bûchers qui trouent la nuit de leur lumière.

Mes chers amis, quand je mourrai, jetez mes cendres où vous voudrez. Et si vous m'accordez le *Requiem* de Mozart, que ce soit en regrettant que je n'aie plus d'oreilles pour l'entendre ni de conscience pour vous en savoir gré.

J'ignore ce qu'est la conscience mais je crois qu'elle n'existe pas indépendamment d'un substrat matériel.

« Je suis, la mort n'est pas; elle est, je ne suis pas. »

Qu'advient-il de l'esprit lorsque le fil de la vie est tranché?

Fâcheuse inertie celle qui tient ensemble, pendant un temps, les molécules de fer et de sel, le carbone, la vapeur d'eau et que sais-je encore qui constituent un corps mort, au lieu qu'il tombe aussitôt en poussière.

Peut-être sentirait-on mieux alors qu'entre cette poussière et celle d'un chien ou d'un oiseau privés de vie il n'y a même plus l'épaisseur d'une espèce.

Cette croyance où je suis d'appartenir à l'ensemble du monde animal, au peuple des vivants tout entier dans sa somptueuse diversité, cette croyance où je suis de l'unité essentielle de la vie me chagrine quand je vois une araignée.

Papillons et abeilles mis à part, la famille des

insectes est celle que je récuserais si l'on pouvait en récuser une.

Mais les végétaux eux-mêmes me paraissent de lointains cousins.

Je crois que les arbres souffrent quand on leur scie le tronc et que mes plantes vertes flétrissent quand je néglige de leur parler, qu'elles ont quelque chose comme un système nerveux qui les avertit de ma sollicitude.

Si une fée me proposait de changer d'espèce, je choisirais d'être un arbre. De préférence, un fromager, l'un de ceux qui s'élancent dans le ciel d'Angkor parce que leur beauté, là-bas, étreint le cœur. Mais je ne suis pas snob. Marronnier quelque part en France, avec des branches assez basses pour que les enfants les chevauchent m'irait aussi.

Bref, je crois que je suis l'un des milliards de milliards de produits de l'un des innombrables sous-produits de la matière vivante, celui qui a un peu mieux réussi que les autres grâce à une performance spécifique que l'on nomme langage, et qui sait qu'il doit mourir.

A dix ans je croyais que la mort libérait une énergie et que celle-ci allumait au ciel une étoile.

Dans ma théorie, l'étoile brillait aussi longtemps qu'il y avait un vivant pour penser à celui ou celle dont l'âme — je disais l'âme — cloutait les nuits bleues.

Quand on me dit que c'était stupide, je dus convenir que je m'en doutais et que mon père ne s'était pas mû en une étoile dont il m'appartenait de nourrir l'éclat.

L'amour devenu sans objet n'entretient aucun foyer de lumière.

L'idée, pourtant, me plaisait. Ce n'est que l'une des idées plaisantes auxquelles j'ai dû renoncer.

Longtemps, j'ai voulu croire que les kangourous avaient des poches parce que le premier des kangourous avait une tête de linotte, que les oursins avaient des piquants parce que le premier oursin était chatouilleux, que la mer avait été salée par les larmes des crocodiles.

Le père Teilhard de Chardin n'en est pas si loin, après tout. Sans doute l'ai-je lu trop tard pour le suivre dans le cosmos, quand il explique que le psychisme carnassier du tigre lui a fait ses crocs.

Hélas, le moment arrive toujours où il faut

apprendre quelques bagatelles sur l'Evolution, et que si les étoiles se dématérialisent, ce ne sont pas des âmes qui s'éteignent mais de la matière qui fond.

Machinalement, je continue cependant de chercher, lorsque la nuit est claire, l'étoile que j'avais élue.

C'est peut-être que la vérité est toujours triste, comme dit M. Renan.

On me dira que la vérité a, comme les oignons, dix-sept pelures et qu'elle me réserve encore des surprises. Cela se peut bien. Je ne dis pas ce que je sais mais seulement ce que, aujourd'hui, je crois.

Et je crois que la foi est une espérance tragique.

Par quelle curieuse idée m'a-t-on mis Renan entre les mains à l'âge tendre?

C'était le jour de l'enterrement de mon père. On me plaignait, on m'embrassait, je goûtais la considération soudaine dont j'étais l'objet, je trouvais ma mère et ma sœur nobles et belles dans leurs voiles noirs.

Quant à moi, je tirais en vain sur les manches d'un manteau rétréci par une teinture précipitée, traduction prosaïque d'une petite phrase que j'avais trouvée jusque-là mystérieuse lorsque je la lisais dans la vitrine des teinturières : « Deuil en 24 heures. »

Il fallait que ma mère eût bien du chagrin pour me laisser aller dans cet appareil.

Je lui pardonnai jusqu'à ce que Douce, ma sœur, qui me tenait la main, agacée par mon manège, me dise brusquement : « Arrête cette comédie, je t'en prie... »

Offensée, je dis que j'avais mal. Mal où? Au cœur, à la tête, au ventre, mal partout. Quelque parente énergique me mit au lit avec une bouillotte et un livre qui traînait là, dont le titre lui parut, sans doute, de circonstance.

Ce livre contait l'histoire d'un homme du peuple qui incarne la résistance au pouvoir et l'indépendance de la pensée devant la doctrine d'Etat.

Il finit mal, mais quelle gloire! C'était *la Vie de Jésus*. Où l'on voit que ma tante Eugénie n'avait pas tort.

« L'atrocité particulière du supplice de la croix, écrivait l'auteur, était qu'on pouvait vivre trois ou quatre jours dans cet horrible état. L'hémorragie des mains s'arrêtait et n'était pas mortelle. La vraie cause de la mort était dans la position contre nature du corps, laquelle entraînait un trouble affreux de la circulation, de terribles maux de tête et de cœur, enfin la rigidité des membres. »

Heureusement, je lisais aussi, dans le même temps, la comtesse de Ségur, née Rostopchine.

Il n'était dit nulle part, dans M. Renan, que Jésus de Nazareth était le fils de Dieu, comme me l'avait enseigné Miss O'Neill.

Interrogée sur ce point, ma mère concéda qu'il y avait là quelque chose de douteux, qu'un père n'envoie pas son fils au supplice. Que Dieu était infiniment bon et que je devais en être bien persuadée.

Plus tard, harcelée de questions auxquelles, toujours, elle s'efforçait de répondre plutôt que de les esquiver, elle me dit aussi que le message du Christ avait été corrompu, qu'il serait beau de suivre son enseignement, mais que les notions de jugement, de châtiment et de récompense y avaient été introduites après lui.

C'est munie de ce viatique que je découvris progressivement le christianisme historique et ses activités terroristes, immunisée contre les docteurs de la loi.

Du temps que j'étais jeune, il semblait que toutes les réponses aux questions que nous nous posions et que posait le désordre du monde seraient données par la science.

Un jour, elle viendrait à bout de la misère et de la violence, des psychoses et du rhume de cerveau. Un jour, des machines aboliraient le travail servile. Un jour, nous saurions le pourquoi et le comment de toutes choses. Alors, le désordre serait vaincu, l'harmonie triompherait.

Il fallait seulement creuser le tunnel de la connaissance.

Depuis, que n'a-t-on pas découvert?

L'Homme n'est plus un mystère clos. C'est pire : un écheveau sans fin. Dieu a baissé les bras, l'écheveau est tombé, les spécialistes en sciences humaines, comme ils se nomment, l'ont ramassé.

Grâce à leurs travaux, nous ne pouvons plus

rien ignorer des raisons de la circoncision en usage chez les Noirs de l'Oubangui, de l'idée que les Zunis d'Amérique centrale se font du bonheur, de la genèse des interdits, des rituels, des mythes, encore que sur ce point les docteurs aient quelque peine, semble-t-il, à accorder leurs violons.

Mais on trouve parmi eux autant de tranquillisés et de stimulés, de déprimés et de psychosomatisés, d'insomniaques et de paranoïaques, bref de personnes tout à fait normales comme on est normal aujourd'hui, que dans la population pour laquelle M. Lévi-Strauss est un fabricant de blue-jeans.

Peut-être même y en a-t-il davantage.

C'est l'histoire du crapaud et du mille-pattes.

Un crapaud essayait en vain de se mettre un mille-pattes sous la dent. Mais à peine bougeait-il, l'autre fuyait ventre à terre. Alors le crapaud dit un jour au mille-pattes : « Dites-moi, s'il vous plaît... Quand vous courez, quelle est la patte que vous avancez la première? Puis la seconde? Puis la troisième? »

Le mille-pattes, qui n'y avait jamais pensé, se prit à réfléchir avant de bouger ses pattes. Sournoisement, le crapaud fit un bond et put enfin le réduire à merci.

Je crois que le progrès dans l'ordre de la connaissance fait de nous tous des mille-pattes de plus en plus vulnérables. Plus nous en savons sur ce qui nous fait courir, moins nous savons courir avec allégresse.

Mais sur ce chemin, on ne revient pas en arrière.

Heureusement — ou malheureusement — la connaissance objective est loin d'être épuisée.

Même la plomberie de l'homme, le concret, le tangible, n'en finit pas de se dérober.

La mémoire, où est-ce? Le sommeil, qu'est-ce que c'est? Pourquoi ne peut-on pas en faire provision?

Infernale mécanique.

Aussi longtemps qu'elle fonctionne, d'ailleurs, mieux vaudrait ne pas se demander comment ni pourquoi. Sinon, à taquiner une vis, elle risque de tomber, et ça commence par une vis mais allez savoir où ça finit...

Merveilleuse mécanique, capable, lorsqu'elle est en état de grâce, de jouir pleinement du monde sensible, « midi le juste y compose de feux la mer, la mer, toujours recommencée ». Mélodie des parfums, parfum des sons, grâce d'une feuille d'érable, amour à son zénith...

Heureux les spectateurs-nés, heureux les sensualistes qui savent ordonner leurs plaisirs, les goûter par anticipation et les prolonger par l'évocation du souvenir.

On peut, un temps, être heureux.

Je crois que le bonheur existe. La preuve en est que, soudain, il n'existe plus. Il était là, il s'est enfui, c'est un accusé que l'on condamne toujours par défaut.

Bonheur cent fois perdu, cent fois reconquis sur la douleur, l'absence, la maladie, l'âge, la mort, cicatrices oubliées, blessures fraîches qui n'en finissent pas de saigner, combien de fois faut-il que le bonheur vous ait glissé entre les doigts pour apprendre qu'il reviendra si on lui laisse la porte ouverte?

Donnez-moi l'espérance, je m'arrange du reste.

Bonheur : faire ce que l'on veut et vouloir ce que l'on fait.

Bonheur : communion dans la fête, dans l'amour, dans la fête de l'amour.

Je t'aime, tu m'aimes? Je suis bien, on est bien. Si on allait à Venise? Au Cipriani, c'est ruineux, tant pis, après nous le déluge. Tu ne connais pas? Je te montrerai.

Venise, c'est une jeune fille tuberculeuse, poitrinaire comme on disait autrefois, moite dans sa robe de brocart, fardée par la fièvre, du sang bleu dans les veines, le col fléchi sous le poids de ses perles en forme de palais rongés par sa sueur.

Précieuse, si précieuse d'être condamnée.

Un jour, on l'embaumera, avec tous ses bijoux, et la foule défilera devant elle, comme au musée. Déjà, en août, ils sont tous là, ils la fatiguent, ils l'épuisent, ils s'en mettent plein les caméras. Je te montrerai une église où aucun guide ne te conduira, un jardin qu'aucun étranger ne visite. Il y aura un grand bal, nous irons danser. Venise est la seule ville au monde où il ne soit pas absurde de donner un bal, tout y est adieu...

Tu n'écoutes pas ce que je te dis. Tu. Ah. Aaah!

Je t'aime. Je suis bien. On est bien. Où va-t-on dîner? J'ai faim.

Rouge de l'amour, blanc du soleil, bleu de la mer, nage en eau profonde, dérapage contrôlé, bonheur de rire, de partager, de découvrir, d'apprendre, bonheur je crois en vous et que, seul, vous adoucissez « le goût terrible de la justice ».

Ceux qui dénigrent le bonheur, comme il est d'usage aujourd'hui, et n'y voient que satisfaction d'un égoïsme individuel flottant sur l'océan de la souffrance collective, m'inspirent méfiance.

Ce sont les mêmes qui couvriraient le monde de charniers pour conduire les générations futures vers une Terre sainte imaginaire.

Il y aura toujours, je le crois, une part de joie et une part de douleur qui se vivront hors de l'Histoire.

Le dire n'est pas nier que nous vivons un temps où il est impossible de participer à la vie sociale sans être au moins agent passif d'un crime collectif.

Je crois que chaque être humain dispose d'une certaine aptitude au bonheur et d'une certaine capacité à souffrir et que, quelle que soit sa vie, il l'use en totalité.

Ce qui distingue les hommes les uns des autres, ce n'est pas la somme — infiniment variable — des événements malheureux qui les frappent, c'est l'ampleur de cette capacité.

L'angoisse métaphysique ne tourmente pas quand on a mal aux dents.

Mais cela ne m'empêche pas de croire qu'il vaut mieux souffrir avec une salle de bains que dans un bidonville et que, en tout cas, seuls les habitants des bidonvilles auraient le droit de dire autrement.

Changer la vie, disent-ils.

Ils n'ont pas fini, les petits enfants du christianisme, de se prendre pour les fils de Dieu.

La vie, ça ne change pas. C'est d'une monotonie écrasante depuis quelques millions de siècles.

Implacablement, invariablement, les huîtres produisent des huîtres, les éléphants des éléphants, les abeilles des abeilles. Avec le même nombre de poils sous l'abdomen, ce qui me demeure totalement incompréhensible. Et les humains produisent des humains qui ont toujours deux yeux. Et en face des trous.

Que, dans l'embryon, la future rétine envoie un message à la future cornée pour lui dire qu'en ce lieu l'épiderme doit être transparent, que la future cornée obtempère et qu'il ne vous pousse jamais un troisième œil pendant que ce fabuleux meccano se monte, voilà qui ne cesse de m'éblouir.

Mais peut-être faut-il avoir porté un enfant, peut-être faut-il avoir cohabité pendant neuf mois avec ce travailleur obstiné à se constituer, peut-être faut-il avoir éprouvé ses efforts dans sa chair en lui parlant doucement, va ma fleur des champs, mon jasmin d'Arabie, mon oiseau des îles, pour avoir pleine conscience de l'anormalité du normal.

Ce normal-là, ce qu'ils appellent l'invariance, les biologistes en connaissent les données techniques.

Mais ils ne peuvent pas me dire pourquoi la combinaison de macromolécules qui s'est développée dans le ventre de ma mère a la parole et une conscience, bien que le fonctionnement comme les structures de ma machinerie chimique ne se distinguent en rien de ceux d'une bactérie.

Au demeurant, si les bactéries n'ont pas la parole, rien ne prouvent qu'elles n'ont pas de conscience, au moins potentielle.

Je crois que la conscience a des racines biologiques.

Mais pourquoi s'est-elle, en l'Homme, révélée? Par le langage, ou bien est-ce au contraire la conscience révélée qui a déclenché le langage?

Les animaux savent aussi communiquer. Braire,

barrir, feuler, bêler, miauler, mugir, hurler, hennir, aboyer, croasser, rugir, pourquoi n'est-ce pas assorti de la capacité de symboliser?

Les mutations, les embranchements, le passage de l'oursin au poisson, du poisson à la salamandre, de la salamandre au reptile, du reptile au mammifère dit inférieur, du mammifère au primate, l'aventure vertigineuse de la métamorphose organique dont nous sommes le dernier état, il est dur de penser qu'elle ne s'inscrit dans aucune finalité, qu'elle n'est l'objet d'aucun projet.

Einstein ne pouvait pas, disait-il, croire que « Dieu ait joué aux dés ».

Jacques Monod, lui, le croyait.

Puisque, dans ce domaine, il faut renoncer à savoir, c'est lui que je crois.

L'Homme n'est pas issu d'une volonté, d'un dessein, il n'est pas le produit d'une ascendance cosmique.

Après tout, il y a vingt siècles et sans le secours de la biologie, Lucrèce ne disait rien de très différent quand il expliquait que l'homme est issu de la terre par évolution face à un monde indifférent, dans un univers régi par des lois où des combinaisons d'atomes réduisent à une même substance l'âme et le corps.

Le Seigneur de la Terre est, je le crois, fils du hasard.

S'il ne fait pas sauter la planète hospitalière qui a acclimaté la vie, il a encore de l'avenir avant de s'éteindre lorsque celle-ci lui sera devenue inhabitable.

Autant que sa genèse, cet avenir fait l'objet de ma curiosité.

Y aura-t-il des mutants? Ou l'espèce est-elle aboutie? Fabriquerons-nous des mutants comme on fait des roses bleues, par hybridation?

Je crois l'Homme capable de tout. Y compris, en ce sens, de changer la vie. Mais en ce sens seulement.

Puisque l'univers est en expansion, qu'il y a création absolue de matière, cette nouvelle matière inerte donnera-t-elle naissance à une nouvelle matière vivante?

Y a-t-il dans notre galaxie ou dans une autre des formes similaires ou différentes de vie?

Des hommes verront-ils le soleil se lever à l'ouest et se coucher à l'est? C'est ainsi sur Vénus, la planète originale qui tourne à l'envers. Et pour en faire une Terre-bis, il suffirait, selon son plus fameux spécialiste, Carl Sagan, de la bombarder d'algues bleues, ces goinfres qui libèrent l'oxygène parce qu'elles absorbent le gaz carbonique avec un insatiable appétit.

« Vous avez d'étranges préoccupations, me dit quelqu'un devant qui je m'interrogeais. Sans vous offenser, je dirai même qu'elles sont futiles. Ce qui m'intéresse, moi, c'est de savoir si nous réussirons à rétablir des équilibres économiques avant que la société où nous sommes n'explose... Et plus prosaïquement encore, si je continuerai à gagner de quoi élever convenablement mes enfants. »

Cela m'intéresse aussi. Et même énormément. Mais je crois qu'à s'y intéresser exclusivement, on devient impuissant à s'exonérer parfois de soi-même. Et qu'à ne cesser de se fréquenter, on s'ennuie. Je m'ennuie.

On a l'égoïsme que l'on peut.

Quoi qu'il me reste à recevoir ou à endurer, l'essentiel de ma vie est derrière moi. C'est le monde où s'inscriront mes trois petits-fils, tous fragiles encore, dont je voudrais percer le secret.

Vaine tentative. Demain est une puissance cachée. Il faut y penser, cependant, en sachant que tout être humain a un pouvoir de transformation sur les choses qui l'entourent.

Des temps critiques sont devant nous, de cela nul ne saurait douter. Mais ce vers quoi nous faisons mouvement n'est pas gravé dans le livre de la fatalité. Même si l'on pouvait retenir cette hypothèse — ce à quoi je me refuse —, il resterait que l'inertie n'est pas dans la nature humaine et qu'aucun de nos gestes n'est sans conséquence.

Le demi-millénaire d'histoire européenne qui a vu naître et triompher l'individualisme, le rationalisme, la démocratie libérale, la science expérimentale, l'expansionnisme, l'esprit viril de conquête, ce demi-millénaire forme-t-il un cycle qui s'achève?

Un explorateur du futur, L. S. Stravrianos, note dans un ouvrage au titre éloquent *(The Promise of the coming dark age)* que toutes les conditions réunies lors de la fin de l'Empire romain sont en place. Impérialisme économique, dégradation écologique, sclérose bureaucratique, fuite devant la raison.

Il n'en est pas moins optimiste à moyen terme. Les âges noirs portent toujours dans leurs flancs une Renaissance.

Mais, par définition, la futurologie n'est pas une science, même lorsqu'elle est équipée de tous les moyens modernes d'investigation.

C'est un jeu combiné du savoir actuel et de l'imagination. Ceux qui s'y livrent projettent sur l'avenir des anticipations différentes, selon la façon dont ils ont été programmés, le fonctionnement de leurs glandes à sécrétion interne et leur pourcentage personnel d'échecs et de succès.

A croire les uns, misère, pollution, criminalité iront croissant sur une planète surpeuplée que ravagera inéluctablement une guerre nucléaire.

L'affrontement des égoïsmes particuliers entraînera un désordre général d'où naîtront des régimes de force, seuls capables d'imposer aux nations industrielles le rationnement rigoureux qu'exigera la pénurie des ressources mondiales.

A croire les autres, l'application de plus en plus efficace de la science et de la technologie, la colonisation de l'espace, les manipulations génétiques, repousseront les frontières de la géographie, de l'intelligence, de la biologie. Nous serions à l'aube d'une nouvelle ère d'expansion, après quelques années délicates.

A moins qu'un changement de cap radical nous détourne sur la voie de la croissance douce, celle où nous donnerions priorité à la recherche de nouvelles relations humaines. Aménité, convivialité, équilibre intérieur, équilibre entre soi et les autres, entre les peuples, entre l'Homme et la Nature, entre le travail devenu moins contraignant et les autres aspects de la vie deviendraient le champ principal de nos conquêtes.

Selon les prophètes de cet avenir-là, c'est la prédominance de la composante féminine de l'humanité qui permettrait ce virage vertigineux. Notre étrange espèce n'a jamais su limiter sa tâche à la conservation de la vie. Disposition à laquelle, il est vrai, elle doit le plus clair de ses réalisations.

Cette réalisation-là ne serait pas la moins grandiose.

Chimères, noires ou roses? Il n'y a pas de thèse qui ne se puisse soutenir avec d'excellents arguments.

Personne ne peut écarter d'un revers de main les pronostics apocalyptiques. Mais il ne suffit pas de souscrire aux autres pour qu'ils se vérifient. Chacun contribue à l'avènement de ce qu'il redoute, ou de ce qu'il souhaite.

A tous ceux — à toutes celles — qui rêvent d'un monde moins tendu vers la prouesse, l'exploit, l'expansionnisme, et qui en font leurs conversations d'après-dîner, il faudrait demander : « Vous, que faites-vous pour réduire votre propre dépendance à l'égard de l'argent, du travail, de la compétition, des ambitions sociales? Et surtout, surtout, que faites-vous pour aider les autres à s'en libérer? »

Et à ceux que séduit l'espoir d'un nouveau bond triomphant : « Que faites-vous pour que cette perspective et les efforts qu'elle suppose entraînent l'adhésion nécessaire? Pour qu'elle soit perçue et réalisée comme porteuse de progrès et d'épanouissement pour tous, comme un mouvement vers un monde démo-technologique et non aristo-technologique? Pour que les scientifiques retrouvent une crédibilité toute proche, aujourd'hui, de celle des théologiens du xv° siècle? »

Le « projet » religieux fut celui du Moyen Age.

Le « projet » économique celui de l'Age industriel.

Je ne sais comment s'appellera celui de l'âge où nous entrons, ni ce qu'il sera.

Je crois seulement qu'il en faut un.

Un groupe de scientifiques en quête d'une religion compatible avec leurs connaissances a fait cette remarque troublante : nous ne sommes jamais morts.

En d'autres termes, puisque chacune de nos cellules vivantes dérive, par division ou fusion, d'autres cellules vivantes, celles-ci dérivant elles-mêmes de molécules prévitales, tout être humain continue la cellule germinale qu'il n'a jamais cessé d'être.

On ne donne pas la vie. On la transmet.

C'est en ce sens que « nous ne sommes jamais morts », jusqu'au jour de notre mort, phénomène irréversible. Et d'autant plus scandaleux.

A cette lumière, les théologiens disputant le

point de savoir si c'est à trois semaines ou à trois mois que le fœtus est doté d'une âme sont divertissants. Et ceux qui croient à la métempsychose coupés du réel.

Mais quelle belle invention que la métempsychose!

Apaisante, délivrant à jamais du hideux tourment de l'envie et de nos prétentions bouffonnes à instaurer la justice, respectueuse de la vie dans toutes ses manifestations.

La fascination qu'exerce de nos jours l'Inde sur les esprits en quête d'une paix gît peut-être dans le fait que l'hindouisme ne distingue pas le sacré du profane, que le sacré vous y enveloppe comme l'air qu'on y respire.

L'esprit le plus terrestre, le moins métaphysique s'y déracine lentement. Nul besoin de cérémonial, d'encens, de temples et d'orgues. Il suffit de ne pas résister pour qu'opère le sortilège et qu'on se mette à trouver les Indiens plus conséquents dans leur respect des vaches que les Occidentaux dans celui de leur automobile.

J'aurais aimé croire à la métempsychose. Non par souci de continuité dans une autre enveloppe physique, mais parce qu'en dépit d'une existence qui ne fut pas précisément marquée au coin de la monotonie, j'éprouve de façon constante le regret de tout ce que je n'ai fait ni ne ferai jamais.

Ce serait l'horrible du vieillissement s'il ne commençait au plus jeune âge.

A dix ans, il faut déjà renoncer à être danseuse, si le processus n'est pas encore entamé. Et s'il l'est, adieu les mathématiques, le tennis, l'hébreu, la course automobile, que sais-je...

On me dira que Léonard de Vinci a appris, seul, le latin à quarante-cinq ans pour pouvoir lire Archimède qui venait d'être traduit du grec dans cette langue. Mais tout le monde n'est pas Léonard de Vinci.

Que tant de virtualités enfermées dans le plus humble, même s'il ne devient pas champion d'une spécialité, aboutissent à vous mettre huit heures par jour devant un établi ou même sur un trône, m'est scandale.

Aurait-on la santé et l'appétit assez vigoureux pour s'approprier le plus que l'on peut, on ne posséderait rien que de parcellaire, on ne saurait rien que superficiellement.

Il faut consacrer sa vie à un art, une science, ou plus modestement à un métier, pour prétendre commencer à le connaître.

Tant de merveilles derrière la vitrine et si peu entre nos mains... Cela m'est objet de permanente révolte.

Renoncer, toujours renoncer.

Le jour où j'ai dû renoncer à apprendre la linguistique après y avoir fait les premiers pas, parce qu'il y fallait, pour persévérer, des connaissances mathématiques que je n'étais plus en âge d'acquérir, j'ai éprouvé cette sorte de mélancolie qui afflige les hommes le jour anniversaire de leurs cinquante ans.

J'étais sur le versant où l'on décline. Une porte venait de se fermer. Je n'en aurais jamais les clés. Et derrière, il y avait le mystère des mots, de leur association, de leur organisation à l'intérieur de structures, d'une forme qui est — disent ceux qui savent — la même pour toutes les langues humaines.

Le mystère du premier homme qui a associé deux idées et qui a réussi à transmettre cette combinaison nouvelle à un autre homme.

Hélas, mes cellules mourront avec moi, et je n'ai aucune chance de ressusciter dans la peau d'un chercheur en linguistique. Pas plus que dans celle d'un chat persan.

L'ennui n'est pas que la vie soit courte. Je la trouve plutôt longue. C'est qu'elle vous laisse, et de si bonne heure, pauvre de toute la multisplendeur du monde.

Pour ce que j'en sais, les grandes crises traversées par l'humanité sont nées d'une révolte contre le système du pouvoir et ont rejeté simultanément les accomplissements et les maux de la civilisation.

Un Ecossais dont le nom m'échappe l'a découvert : tout se passe comme si, de cinq cents ans en cinq cents ans, une culture naissait, se développait, portait ses entreprises constructrices et ses conquêtes à l'apogée, puis commençait à se déliter quand les hommes en viennent à s'apercevoir qu'ils ont œuvré pour le plus grand pouvoir de quelques-uns, que les sacrifices l'emportent sur les récompenses.

Arrive le moment où le doute, quant à la civilisation où ils se trouvent, atteint les exploiteurs aussi bien que les exploités. Et c'est le début de la fin. La désagrégation d'un système de valeurs qui se consume tandis qu'à ses braises, un autre s'allume.

Les révoltes qui se manifestent par les armes, on peut les mater. Celles qui naissent et se propagent par l'esprit sont insaisissables.

Omnipotence du roi divinisé et du pouvoir politique centralisé, exploitation économique, insolence des ambitieux, culte de la force, de la richesse et désillusion de ceux qui en sont écartés, prolifération de prophètes dénonçant les valeurs matérialistes de l'« establishment » et discréditant à la fois les fins et les moyens de la civilisation, désengagement des biens et des pratiques en usage, surgissement de chefs spirituels, quand donc est-ce arrivé? Demain ou il y a une bonne vingtaine de siècles, de l'Inde jusqu'à Rome, de Confucius et d'Isaïe à Mahomet?

Ce fut *la* crise, étendue sur des centaines d'années, d'où naquit, entre autres, l'éthique chrétienne fondamentale qui privilégie la personne et s'oppose au moins en théorie au pouvoir obtenu par la coercition. La première éthique de la non-violence.

Quand on plonge dans l'histoire du développement de l'Homme, arrive toujours le moment où l'historien, décrivant ce qui aurait pu être après l'accomplissement d'une révolution culturelle, ajoute : « Hélas! » et raconte ce qui a été.

C'est moins bien. Des papes chefs d'armées et de la plus féroce organisation administrative bureaucratique aux empereurs de Chine, les valeurs nouvelles se pervertissent. Les pouvoirs se reconstituent, des classes dirigeantes se reforment, l'écart s'accentue entre la morale de l'Etat et celle de l'individu, et les hommes cherchent Dieu.

Du temps que la civilisation de l'Antiquité vivait le sentiment de sa décrépitude et de son naufrage prochain, des Méditerranéens inventifs imaginaient que de mauvais éons, sortes de valets mortels de Dieu infidèles à leur maître, entraînaient l'Homme dans une chute où il fallait l'arrêter en le hissant à nouveau vers la Lumière.

La morale, disait l'un d'eux, Valentin d'Alexandrie, consiste à se débarrasser des éléments terrestres de l'organisme pour rentrer dans le sein de Dieu.

Je ne sais plus s'il se comptait parmi les sporadiques, les prociniens, les épiphaniens ou les barboniens. Il n'était sûrement pas des phiboniens qui recommandaient la débauche. Les antitactes, quant à eux, ne prêchaient que la destruction totale de la société.

En rayonnant, la lumière du christianisme primitif finit en un ou deux siècles par les absorber.

Si les phiboniens et les antitactes d'aujourd'hui annoncent la fin d'une civilisation, les choses, sans doute, iront plus vite. Mais, outre que la lumière capable de les absorber ne paraît pas encore avoir percé, il faut cohabiter avec ses contemporains turbulents.

Comme les gnostiques ramassant toutes les idées qui traînaient dans l'époque pour en nourrir un monstrueux christianisme, ils veulent faire le salut de l'humanité.

« Tout le monde aime l'humanité aujourd'hui, disait Camus. Comme la côte de bœuf saignante. C'est l'extrémité d'une décadence. »

Mais les gnostiques s'adressaient à Dieu.

Aujourd'hui où le répondeur automatique de l'abonné absent susurre inlassablement que le Vieux Monsieur est mort et qu'en conséquence, nous ne pouvons faire suite à votre demande, ils réhabilitent Caïn et assassinent leur frère.

Qu'on puisse accuser nos antitactes de semer

le désordre est plaisant. On ne dérange que ce qui est rangé. Le désordre, ils ne le créent pas, ils en témoignent et l'hypertrophient.

Nietzsche nous avait prévenus. « Où est allé Dieu? Je vais vous le dire. Nous l'avons tué, vous et moi. » Et, le trouvant mort dans l'âme de ses contemporains, il avertit : « Si nous ne faisons pas de la mort de Dieu un grand renoncement et une perpétuelle victoire sur nous-mêmes, nous aurons à payer pour cette perte. »

Au lieu de quoi, nous avons fait de Dieu une illusion attardée sous les oripeaux de la morale dite chrétienne.

Mais ceux-ci tombent en loques et, derrière, c'est le vide.

De quoi avoir le vertige, assurément, pour peu qu'on y ait propension.

Paumés, drogués, chapardeurs, plastiqueurs, vous n'avez pas de chance.

En d'autres temps, vous seriez partis-z-à-la guerre. De nos jours, c'est sur les routes qu'on tue et qu'on se tue. On ne meurt plus pour la Patrie, on meurt pour la Régie.

On dira que s'il faut inéluctablement purger les hommes de la violence qui est en eux et dont ils sont prisonniers depuis l'aube des temps, ce moyen-là n'est pas le pire. Mais on ne voit pas qu'il ait les vertus réconciliatrices que l'on prête aux cérémonies sacrificielles.

Il y a encore quelques années, vous vous seriez inscrit au parti communiste. Maman aurait pleuré. Aujourd'hui, que ne donnerait-elle pas, maman, pour vous voir entrer au petit séminaire, je veux dire dans la cellule de votre quartier, le temps que jeunesse se passe...

C'était la dernière église sur laquelle on pouvait compter pour fournir un credo, une morale tirée à quatre épingles, des Ecritures, des Commandements.

Voilà que maintenant, paraphrasant Prévert, on entend les jeunes gens murmurer : « Notre Père qui êtes au Kremlin, restez-y... »

Vers quoi, dès lors, s'évader? A quoi se raccrocher? L'Art?

Il paraît que l'Art est réactionnaire. Qu'à créer de la beauté, on contrarie la transformation de l'Histoire elle-même en beauté absolue. Qu'il n'y aura pas d'art dans la société réconciliée et qu'à s'y attarder, on retarde, de celle-ci, l'avènement.

Beethoven n'était-il pas interdit dans la Chine de Mao pour ces excellentes raisons hegeliano-marxistes?

De tous les penseurs au cerveau d'airain, c'est — dans la mesure où je comprends ce qu'il dit — Hegel que je brûlerais, tout rationnel qu'il soit, s'il était concevable de brûler des livres.

Ce génie suffisant que le choléra n'a tué que dans son enveloppe charnelle et qui n'a cessé, depuis, de faire des enfants.

Le prophète qui annonçait la Bonne Nouvelle :

« Le vrai Dieu, le Dieu humain sera l'Etat. »

Elle s'est réalisée, il est vrai. Pour le pire. Le meilleur auquel il croyait en demeure obstinément absent.

Incorrigible prétention humaine à la divinité.

Devant la résistance de leurs contemporains à accepter les conséquences de leurs découvertes, certains biologistes en sont à croire que le cerveau humain est ainsi fait qu'il rejette le rationnel comme l'organisme rejette les greffes.

Après avoir, dans la pratique, tout désacralisé en Occident au cours de ces trois derniers siècles, il en serait à fourrer du sacré n'importe où plutôt que de sauter le dernier pas. Comme si, devant le « gouffre de ténèbres » froides où la science l'a conduit, montrant qu'il n'y a ni finalité de l'Homme, ni justification de sa condition, l'espèce reculait biologiquement. Et, substituant aux mythes les idéologies, sécrétait des ersatz de dieux.

Comme si l'élargissement de la conscience humaine, « l'accroissement de la notion d'homme dans l'Homme », atteignait une frontière qu'il serait interdit de franchir sous peine de n'avoir plus que le suicide pour issue.

Je crois au contraire qu'il ne s'agit que d'un héritage culturel imprégnant le plus intime de nos structures mentales, mais que nous finirons par expulser.

Je crois que l'âge mental de l'humanité est encore très bas par rapport à celui qu'elle peut atteindre.

Je crois que, de la métempsychose à la rédemption, du sens de l'Histoire un jour stabilisée à la Vie éternelle dans l'Au-delà, les illusions consolantes se dissiperont quand nous serons et si nous sommes en mesure de tolérer leur absence. De faire face à notre condition.

Long sera le trajet, mais je crois qu'il s'accomplira, même si « l'usage de la raison ne s'acquiert pas, comme celui des pieds, par la seule fréquence de l'exercice ».

J'ai dû être programmée dans le sens de la foi dans le génie humain.

On sait que les institutions des insectes sociaux sont aussi stables que les nôtres sont instables, soumises qu'elles sont à nos humeurs.

Les abeilles n'ont pas d'humeur et ne coupent jamais la tête de la reine.

Les fourmis ne font jamais la grève.

Pour autant qu'on le sache, elles ne s'interrogent pas sur la nécessité d'une nouvelle organisation sociale et ne songent pas à contester que la leur soit la plus adéquate.

L'automatisme de leur comportement est assuré. C'est donc que les règles en sont inscrites dans leur code génétique.

Ne serait-ce cette maudite et sublime conscience langagière, le même automatisme garantirait la permanence de nos institutions.

Mais y a-t-il dans les catégories innées du cerveau humain quelque chose qui exige qu'il y ait institutions, qui repousse l'anarchie, ou bien ne s'agit-il que d'une longue habitude née de la nécessité? La nécessité de vivre en tribu pour survivre?

Toujours est-il qu'aux commencements, il y avait tribu parce qu'il y avait la peur. Tribu, donc division du travail, chef, et règles assurant la cohésion de la tribu. Et que les centaines de milliers d'années pendant lesquelles ce fut ainsi ont dû laisser leurs traces dans ce qui nous constitue.

Comment se désignait le chef de tribu?

Chez les singes, c'est le mâle le plus riche en testostérone qui est leader du groupe et copule avec toutes les singesses, tandis que les autres se masturbent mélancoliquement.

Chez les humains, je ne sais pas le rapport qu'il y a entre la proportion de testostérone et de folliculine dans le plasma et la propension à devenir et à être reconnu seigneur ou sujet, chef ou subordonné, dominateur ou dominé.

Ce doit être un peu plus compliqué mais non sans rapport cependant. Dommage qu'on ignore pour toujours la composition du plasma de Catherine II. C'est le plus bel exemple connu de caractère spontanément dominateur assorti d'une sexualité vigoureusement féminine.

Les règles de la tribu — droits, devoirs, interdits, bref ce que nous appelons une morale — étaient variables. Mais on ne connaît pas d'exemple de structure sociale élaborée hors du phénomène religieux. Le plus universel qui soit.

En d'autres termes, nous avons toujours demandé le pourquoi de la Règle et situé dans un Ailleurs celui ou ceux qui disaient la loi souveraine.

Dieu en ses multiples visages serait, en somme, la plus vieille invention de l'homme après le langage.

Une invention qui doit sa pérennité au fait qu'elle était en quelque sorte fonctionnelle.

Dans toutes les formes qu'elle a empruntées, la religion ne dit-elle pas ce qu'il faut faire et ne pas faire pour que les rapports entre les membres d'une communauté humaine ne deviennent pas totalement destructeurs?

« Nous avons perdu le Tout, le Très-Haut qui fixait autrefois une limite à nos passions et à notre irresponsabilité », tonne Soljenitsyne dans son réquisitoire contre l'Occident.

Je ne sais s'il est vrai que le désir de posséder ce que l'Autre possède, d'imiter l'Autre, est à l'origine de toutes les conduites spontanées comme de tous les conflits et de toutes les cultures. Mais on pourrait aisément le croire. Et croire du même coup que seuls les interdits prononcés au nom du Sacré pouvaient imposer à ce désir des bornes.

Il ne fallait en somme pas moins que Dieu pour que l'espèce humaine se perpétue et se développe.

Les premiers rebelles à la Loi durent faire long feu s'il y en eut, ce que je crois.

Où il y a conscience langagière, il y a dissidence potentielle. Et où il y a dissidence, il y a danger.

La Sécurité, c'est l'Ordre.

L'ennui, de nos jours, c'est que ce sont les dissidents qui font le nombre.

L'incarnation de la sécurité dans un monde ordonné, c'est, me semble-t-il, Bossuet dans son siècle.

Une seule règle, délibérément acceptée : obéir. A Dieu, au roi représentant de Dieu sur la terre.

Un seul ordre : établi par Celui qui est la Vérité et la Vie.

Quel confort....

Mais, comme toujours, c'est alors que l'orthodoxie semble assurée, l'ordre inébranlable, la majesté de l'autorité religieuse et politique intangibles, c'est alors que leurs fondements commencent à s'ébouler.

Tandis que l'Aigle de Meaux s'ébroue dans toute sa pompe et son éclat, sous la Cité de Dieu et la Cité du Roi un Juif de Hollande place ses mines.

Les rois, déclare-t-il, sont des imposteurs usant de la religion pour assurer leur injuste pouvoir. La religion chrétienne n'est qu'un phénomène historique de caractère transitoire. L'Ecriture, une œuvre humaine, travestie par les préjugés. Il faut lui appliquer les règles critiques qui conviennent à tous les textes. Dieu est tout, tout est Dieu, l'homme, âme et corps, un mode de l'Etre tendant comme tel, à persévérer dans son être. L'effort qu'ainsi il accomplit se nomme volonté quand il concerne l'âme, appétit quand il concerne le corps, désir quand l'âme prend conscience de cet effort.

Et voilà le désir devenu l'élément fondamental de la vie morale!

Misérable Spinoza, comme disait Malebranche. Et avec ça, il se permettait d'être gai.

Dans le même temps, Calvin déchire « la tunique sans couture ». La Grande-Bretagne réfute la notion de droit divin fondant le pouvoir d'un seul homme sur les autres hommes, et fonde sa constitution sur un astucieux amalgame de droit naturel et d'impératifs de la civilisation qui limitent l'usage individuel de ce droit.

Même le pouvoir paternel n'est plus absolu. Il est dit « devoir » plutôt que « pouvoir », devoir de préparer les enfants à la liberté.

Dans le même temps aussi, dans le même temps surtout, Leibniz et Newton découvrent simultanément le calcul infinitésimal, méthode qui conduit le second à la découverte des lois de la gravitation.

Le Grand Siècle, certainement, mais pas comme on l'entend.

Dans le même temps, enfin, au sein de la France très catholique, Fénelon, le doux Fénelon, dresse son réquisitoire contre celui qui règne superbement.

« Avez-vous cherché les gens les plus désintéressés et les plus propres à vous contredire? Avez-vous pris soin de faire parler les hommes les moins empressés à vous plaire, les plus désintéressés dans leur conduite, les plus capables de condamner vos passions et vos sentiments injustes? Quand vous avez trouvé des flatteurs, les avez-vous écartés? Vous en êtes-vous défié? Non, non, vous n'avez point fait ce que font ceux qui aiment la vérité et qui méritent de la connaître... »

Interpellation étrangement contemporaine.

Mais Fénelon ne serait pas évêque de

France s'il contestait le principe du droit divin.

Je crois que ce principe, aboli par la Réforme, fait partie de l'héritage culturel des peuples catholiques et que deux siècles n'en ont pas entièrement extirpé les racines, si jamais elles doivent l'être.

C'est en Union soviétique que la révolte de la conscience individuelle contre l'ingérence de l'autorité en matière de foi conduit aujourd'hui au supplice et à l'exil, à quoi la révocation de l'édit de Nantes condamna les réformés.

Entre-temps, la puissance et l'hégémonie intellectuelle de la latinité dériveront vers les Barbares du Septentrion.

Qui eût dit à Bossuet que les Anglais se mettraient à penser?

Selon un historien du Moyen Age, la théorie classique de l'accumulation capitaliste fut pour la première fois exposée au XIII siècle par les clercs, dont le dominicain Vincent de Beauvais, en une doctrine purement théologique du Salut.

Mais en raison de l'éternel dévoiement de toute doctrine, le capitalisme transforma cinq des sept péchés mortels du christianisme — orgueil, envie, gourmandise, avarice, concupiscence — en vertus sociales positives, les traitant comme des stimulants nécessaires à toute entreprise économique.

Et c'en fut fait de l'amour, de la charité, de l'humilité, sinon à l'usage des classes laborieuses, se lamente cet érudit.

J'ignore si son interprétation est fondée, mais la pratique inclinerait à le croire.

J'ai eu, j'ai, je veux davantage.

Vous aussi. Allons, ne dites pas le contraire ou je m'inquiéterais de vous savoir si près de votre fin.

Une fois assouvis les besoins physiologiques dont la satisfaction est nécessaire à la survie, le désir d'un « plus » et l'espoir d'y atteindre sont les tigres de nos moteurs.

De leur vivacité dépend l'ardeur à vivre.

Je veux bien que l'on s'apitoie sur le malheur de l'homme moderne, déchiré entre des besoins dits factices ou artificiellement provoqués à des fins mercantiles, et la peur de ne pouvoir honorer ses traites, à condition de mettre au-dessus de ce malheur-là celui de n'avoir envie de rien. Sinon de se coucher pour mourir, ce qui revient au même.

C'est l'objet du désir qui est discutable, non le désir en soi, le désir considéré comme carburant, le vouloir plus.

De quoi? On peut avoir plus. Faire plus. Etre plus. Pour opposer objets nobles et objets vulgaires, valeurs vraies et fausses valeurs, reste à savoir qui en décide.

Faute d'un système de référence auquel adhérer, que faire? S'en faire un. Ce n'est pas simple.

Peut-on, loin du sacré et de ses valeurs absolues, trouver la règle d'une conduite?

L'Avoir-plus, ce stimulant rustique et fort, ne me mobilise guère. Il n'est pas pour me faire courir ni même marcher.

Dans le champ de l'Avoir, ce que je convoite est si loin de ma portée que cela me dispense de me dépenser. Je voudrais un Bonnard. Plus précisément, la *Femme couchée* qui se trouve au musée d'Art moderne à Paris.

Si je croyais l'impunité possible, je le volerais, bien qu'il faille douter de qui a besoin de raisons pour rester honnête.

C'est un repos de savoir que je ne pourrai jamais l'acheter. Ni ce Bonnard-là ni un autre.

Faire-plus est le vrai lieu de mon désir. Etre-plus celui de mon espérance.

Mais il n'y a pas d'action sans but. Faire est inséparable de la croyance en la valeur de ce but. Ce n'est pas la moindre des difficultés.

A peine gommée par une tâche où l'on a engagé sa ferveur, la voilà qui resurgit. Faire quoi et pour quoi faire?

Au fond de moi, je crois que je le sais. Quand je regarde mes amis vieillir — et on vieillit bien aujourd'hui — il arrive qu'en les écoutant, je les trouve mornes comme bûches éteintes. Parce qu'ils ont échoué à changer le monde, il semble que de tout ce feu qui pour eux flamboya, il ne reste que cendres.

Alors, je comprends quelle fut ma chance.

Je n'ai jamais cru que je pourrais changer le monde bien que, en toute simplicité, ma mère m'en ait chargée. Il faut dire qu'elle ne doutait de rien et surtout pas de moi. Et que ne ferait-on pas pour réaliser le désir de sa mère...

« Lorsque Alexandre quitta la Macédoine, il laissa le pouvoir à Antipater, et distribua toutes ses richesses entre ses amis. Alors Perdiccas lui demanda : " Que vous réservez-vous donc? — L'espérance ", répondit Alexandre. Et il partit à la conquête de l'Asie. »

Elle me racontait cette histoire, je mesurais l'impossibilité de ma mission tant il était clair qu'à ses yeux il fallait être Alexandre ou rien, et je pleurais en secret. Jamais je n'aurais les moyens de ses ambitions.

Si toutes n'étaient pas également inaccessibles, elles supposaient toutes, cependant, que je m'engage dans les armées du Bien, en perpétuelle campagne contre les forces du Mal. Il paraissait, à l'entendre parler de son père et du mien, confondus dans un même amour, que de génération en génération, nous étions désignés pour combattre dans les légions de Dieu. Comme dans d'autres familles, on est polytechnicien ou négociant en vins de père en fils.

Mais où était le Mal? Je localisai, bien sûr, ses incarnations dans ce qui lui faisait mal à elle... Créanciers rapaces, oncles grigous, tantes méprisantes envers celle qui n'avait plus de quoi « tenir son rang ». Bref, l'Argent, le pouvoir de l'Argent. Mais plus nous en manquions, plus elle le traitait avec le mélange de désinvolture et d'agacement que l'on réserve aux casseroles dont le manche tourne ou aux ciseaux ébréchés. Un outil qui vous fait défaut au mauvais moment. Rien de plus.

Jeune veuve chaste jusqu'à décourager les plus timides avances, elle n'était pas pudibonde. D'elle, je n'appris jamais à loger le Mal à hauteur de chair.

Bien pire était le « Boche », ténébreuse Allemagne contre laquelle mon père s'était dressé au mépris de ses intérêts, de sa liberté, de sa vie. Mais il n'y avait pas, pour l'heure, de Boches dans le quartier.

Les récits qu'elle me faisait de l'existence de mon grand-père, médecin des pauvres en même temps que du Sultan Rouge, m'indiquèrent une voie : la lutte contre le Mal lové dans la souffrance. Allons, comme lui je soignerais. Comme lui je protégerais — il avait sauvé des Arméniens par dizaines lors du grand massacre de Constantinople —, comme lui je serais solidaire des opprimés, des persécutés, des humbles.

Ah! le beau rôle que je me préparais là! L'idée ne me vint pas alors que, pétrie de ces bonnes intentions, je me situais tout de même dans le camp du pouvoir. Du pouvoir bienveillant, certes, celui du médecin, mais du pouvoir quand même.

C'est en usine qu'il fallait aller, ma fille, pour t'y user les mains et qu'on t'y pince les fesses.

Encore aurais-tu été capable de devenir chef d'atelier...

Je n'ai pas eu la faculté d'être médecin, et les légions du Bien ont connu de meilleurs soldats que moi. J'ai eu de longues absences. J'en aurai d'autres. Mais de cette enfance, il m'est resté ce en quoi je crois et qui me sauve d'être une bûche morte dans un foyer de rêves éteints.

C'est que la lutte n'est jamais vaine, si elle n'est jamais achevée, et qu'à tout instant le monde serait pire, le malheur plus cruel, la souffrance plus grande, la société plus mauvaise, s'il n'y avait pour combattre le Mal ou, si l'on veut, l'idée que je m'en fais, des forces sans cesse reconstituées.

Pas plus que je ne crois à l'Au-delà, à cette autre vie dans le ciel que suggère le dogme chrétien, je ne crois à l'après-demain, à cette autre vie sur terre que suggère le dogme marxiste, où nous chanterons parmi les roses dans une société réconciliée.

Mais je n'ai pas besoin d'y croire pour penser qu'aucun geste accompli aujourd'hui, ici et maintenant, n'est insignifiant s'il vise à réduire la douleur des hommes.

Aussi ne puis-je être découragée que de moi.

Et parfois, il est vrai, je renâcle comme un

cheval fourbu. Ou, pire, je crains de me découvrir dans l'autre camp. Alors, à qui en appeler? A personne, surtout n'en appeler à personne. Se retirer. Hiberner, un temps, à l'écart. Voyager en soi-même jusqu'à retrouver les règles simples, celles dont la frivolité, l'ambition, l'intérêt ou l'indolence vous ont écarté. Savoir que l'on peut, si l'on veut, en réinventer de nouvelles.

Se regarder, embourbé dans l'écœurant mélange de religiosité judéo-chrétienne, de progressisme scientiste, de croyance en des droits « naturels » de l'Homme et de pragmatisme utilitariste que constitue, selon Monod, la morale occidentale telle qu'on persiste à l'enseigner, fût-ce du bout des lèvres. Et rire doucement de soi.

Il n'est jamais trop tard pour apprendre à rire de soi. Sans méchanceté. Avec l'amitié que l'on se doit.

Nous ne savons guère nous traiter nous-mêmes avec amitié. Toujours la passion, toujours l'amour, toujours la haine. D'amitié, point. Eh bien quoi, qu'est-ce qu'il a, ce corps? Trois centimètres de trop ici, trois centimètres qui manquent là, en voilà une affaire. Et ce cerveau? Nous l'aurions voulu autrement fait. Et cette mémoire? Ah! la traîtresse! Et cette volonté? Faible, faible. Cette conscience? Elastique. Ces succès? Dérisoires. D'ailleurs, tout ce qui est atteint est détruit, il nous en faut d'autres.

Aveugles et sourds aux messages de détresse que nous lancent les dos ronds, les pointes de pied tournées en dedans, les teints gris, tous ceux enfin dont la moelle épinière se flétrit faute d'un arrosage régulier de considération et du soleil de l'amour, nous allons le cœur chaviré de pitié envers nos précieuses personnes, pieux martyrs, tendres victimes, bouquets de vertus méconnues.

Je crois qu'il faut apprendre à se voir avec les yeux de l'amitié, qui est lucide, bourrue, moqueuse, mais inébranlable, pour désapprendre à se prendre en pitié. Et pour ne plus rougir de soi. La marque de la « liberté réalisée ».

C'est plus difficile que d'apprendre le chinois. Et pourtant...

Savoir que l'on ne peut pas répudier une partie de soi-même qui serait triviale comme si elle était étrangère à la part qui serait noble, que toute conduite, tout sentiment est marqué d'ambivalence, d'ambiguïté, que le noir toujours double le blanc et inversement, savoir que s'il est bon de se connaître c'est pour s'accepter, que l'auto-accusation n'est que l'autre face de la mégalomanie, que la santé est entre les deux, ce n'est pas Freud qui l'a dit le premier, c'est, quatre siècles avant lui, Montaigne.

Mais la tradition a fait de ce moraliste au vrai sens du terme — observateur des mœurs — un gros chat douillet couché sur le mol oreiller du doute. Lascif, disait Pascal. Lascif! Comme elle est en train de faire de Freud le responsable de la société permissive.

Comme si l'un et l'autre ne nous disaient pas aussi que si nul n'est coupable d'être, cela n'exclut pas de porter un jugement sur soi, et d'assumer la responsabilité de ses actes.

D'exiger de soi ce que l'on peut et pas davantage, mais tout ce que l'on peut.

Je crois que le sens moral a des racines biologiques et que nul ne peut se vanter d'en être dépourvu.

C'est sur le terrain de son application que la confusion règne.

Je crois à la vertu de l'épreuve, de la contrainte, celle du moins que l'on s'impose. Les seules victoires sans amertume sont celles que l'on remporte sur soi. Mais épreuve n'est pas châtiment.

Pour ce qui est du corps, en tout cas, on ne s'emploie jamais assez à le rendre heureux.

La seule limite aux aménités qu'on lui doit est là où, précisément, il finirait par perdre son bonheur d'être. Donc, le garder léger, lui conserver l'insouciance, l'entretenir pour obtenir le plus longtemps possible une réponse juste et prompte de chaque muscle, respecter ce qu'il a de grâce. Il vous le rendra.

Je crois qu'il faut accepter l'héritage animal que nous partageons également et, l'ayant reconnu, apprendre à le dominer par pur respect de soi. Mais non chercher à le détruire.

Libre à chacun de punir son corps pour jouir dans son esprit et de baptiser cela ascèse, comme si ce n'était pas un autre nom du plaisir.

Donc, quand on ne sait plus si l'on fait bien ou mal, ni pourquoi l'on fait, se replier et s'accorder des soins.

Quels soins, c'est affaire personnelle.

Ce sont des moments où il faudrait pouvoir porter un bras en écharpe, un plâtre, un pansement au visage, quelque chose qui annonce : « Ne me bousculez pas, je suis cassée... Ne me demandez rien, je ne suis pas en état de donner. Ni de l'attention ni des pensées. En fait, je ne suis pas là. Je voyage. Je fais trajet dans le brouillard vers mes terres intérieures. Je dois y retourner pour inventaire. »

Je ne crois pas à l'importance de ce que je fais mais je crois important de savoir ce que je fais.

Pour le superficiel, ruser. Se conformer. Ne pas user ses forces dans des combats secondaires contre la mode et les mœurs de la tribu. Prendre les conventions pour ce qu'elles sont : des commodités analogues aux feux rouges qui préservent des collisions. Ne perdre ni temps ni énergie à les discuter ou à les rejeter pour se donner l'illusion de la liberté d'esprit.

Il y a un anticonformisme qui aliène plus que l'observance mécanique d'usages qui en valent d'autres.

Je crois qu'il faut se soustraire aux petits conflits et rester irréductible sur l'essentiel.

La grande affaire est de savoir à quoi l'on attache du prix. Là, il ne faut laisser à personne le droit de décider pour vous.

Si l'on tient à appeler cela « valeurs », je n'y

vois que l'inconvénient de déguiser en phares quelques lumignons bons à baliser le chemin où l'on conduit sa vie.

« Je me contente de vivre une vie seulement excusable », disait Montaigne.

J'aimerais, au jour de ma mort, avoir le droit de penser que j'ai mené une telle vie. Seulement excusable.

Je ne sais pas si mes valeurs sont bourgeoises et, pour tout dire, je m'en fous. La rédemption par la société sans classe, merci beaucoup. « Je ne trouve pas le capitalisme moins mauvais que ne le pensent les bolcheviques, disait Bertrand Russel, mais je trouve en revanche le socialisme moins bon qu'ils ne le croient. »

Il pourrait être meilleur? C'est bien possible et même, c'est probable. Je souscris pour ma part à toute action politique qui se donne pour finalité d'humaniser la vie en commun, mais à la condition qu'on n'aille pas y introduire l'absolu, et confier à un parti le soin de dire le vrai.

Substituer cette religion-là à l'autre, cette doctrine de salut à l'autre par impuissance à supporter l'angoisse d'être au monde, voilà un refuge hors de ma portée.

Il m'est arrivé de le regretter.

La contradiction entre l'aspiration à l'absolu et le refus du transcendant, je n'en suis pas plus indemne que d'autres. Où ne serait-on pas capable, parfois, de mettre l'infini...

Mais à le placer dans l'organisation sociale, on se résigne à de belles inquisitions. Peut-être en serons-nous dans l'avenir les témoins, peut-être les victimes. Les auteurs jamais, en ce qui me concerne.

Je crois qu'il n'y a pas de bons régimes. Tous reposent sur la coercition plus ou moins avouée et la sujétion dans laquelle la classe des maîtres tient les autres.

Seules les minorités dirigeantes respirent. Parce qu'elles commandent. Subir, c'est étouffer, sauf à croire que cette soumission est aux desseins de Dieu.

Si les femmes acceptèrent si longtemps leur esclavage, c'est parce qu'elles croyaient se soumettre à la volonté divine.

Mais échanger la domination d'une classe contre la tyrannie d'un groupe, j'ai quelque peine à croire qu'il s'agisse là d'un progrès, qu'il existe une coercition progressiste parce qu'elle irait dans le trop fameux sens de l'Histoire et que, dans l'intention, elle ne doit durer qu'un temps. Le temps de changer l'homme, n'est-ce pas.

Autre chose est de penser que les institutions disparaissent lorsqu'elles ont rempli leur fonction. De même qu'il n'y a plus de place, dans nos mâchoires, pour les dents dites de sagesse parce que nous n'en avons plus besoin pour broyer nos aliments, je crois que les sociétés humaines évacuent les organes qui ne sont plus indispensables à leur survie et à leur développement.

Ce qui n'est pas nécessaire est condamné.

L'extraction violente, avec réaction fébrile, se produit quand l'organe inutile résiste trop longtemps à son atrophie. Et qui renonce de bon gré à une parcelle d'autorité? Il n'y a pas de justification que l'on ne sache se trouver pour conserver — toujours au nom du bien commun de la nation, du peuple, de l'entreprise, de la famille — celle dont on dispose.

Travailler à transférer le pouvoir de Pierre à Paul n'est pas pour m'exalter, bien qu'il soit bon, parfois, de s'y employer.

Quand je rêve, c'est d'un monde sans maître. Au pouvoir croissant des hommes sur les choses, qui s'accompagnerait du pouvoir décroissant des hommes les uns sur les autres. Des hommes sur les femmes. Des femmes sur les hommes.

Impossible? Le progrès, c'est ce qui rend possible ce qui semblait impossible.

Et je crois au progrès, même lorsqu'il est seulement une façon de changer de malheur.

Sans doute cette allergie au pouvoir prend-elle sa source dans le socio plutôt que dans le bio.

C'est qu'aucun père, de sang ou de substitution, ne m'a tenue en lisières. Pas d'autorité masculine supérieure, pas d'obéissance, pas de respect, pas de crainte. Pas de protection non plus, réelle ou illusoire.

Notre Père, connais pas.

Dans ma maison d'enfance, il n'y a eu qu'absence de père. Des photos, une légende, pas de présence physique. Donc, les pères, cela fait défaut, c'est vulnérable, ça meurt. C'est jeune, c'est beau, c'est héroïque, mais ça se casse.

Alors les mères pleurent, il faut les consoler. Mais les mères, c'est courageux. Ça ne fait jamais défaut, ça se bat pour vous nourrir, ça a des griffes pour vous défendre jusqu'à ce que les griffes vous poussent.

Les garçons? Une espèce parallèle. Intéressante. Faire l'amitié avec elle, c'est délicieux. Mais il ne faut pas compter sur elle en tant qu'espèce. Garçon ou fille, homme ou femme, il n'y a que des individus, fiables ou non.

L'autorité maternelle est la seule qui se soit exercée sur moi, et peut-on appeler autorité ce qui ne contraint pas? Ce qui est recours et jamais coercition? Ou si peu...

Ma mère et ma sœur étaient « grandes », j'étais « petite », donc elles m'aidaient. Je n'avais qu'à me hâter de grandir.

Plus tard, j'ai été libre de partir, de revenir, sans explication, sans justification. Tu es là, quelle chance; tu pars, bonne chance.

Le pouvoir tel que je l'ai connu, c'est celui de porter secours, sans attendrissement, avec une prompte efficacité. Aujourd'hui, je le reconnais chez une femme médecin qui me soigne, une secrétaire qui m'assiste, une amie qui m'accueille.

Une certaine façon féminine d'être sereine et tendre, vigilante et ferme, une certaine façon d'avoir le cœur grand m'émeut et me désarme. Soudain, j'ai dix ans, des doigts tachés d'encre et l'impression que l'on va me faire des crêpes pour goûter.

L'ombre de Douce passe.

Longtemps j'ai eu Douce comme on a la santé et quoi de plus naturel. Sans y penser.

Je ne songeais pas plus à me réjouir qu'elle fût de ce monde qu'on ne se réjouit de se réveiller sans souffrir d'une migraine.

Parfois, même, son amour exubérant m'agaçait. Elle était bruyante, elle me parlait, d'une voix forte, de choses et de gens auxquels je ne parvenais pas à porter intérêt. Quand nous nous séparions, elle m'embrassait avec emportement. Je ruais, réfractaire aux effusions.

Le temps passait. Un jour j'appelais : « Ma Douce, j'ai besoin de toi... »

Elle accourait. Aucun problème d'ordre pratique ne lui résistait.

Avec une intense conviction, me trouvant noyée dans ce qui, pour elle, était un verre d'eau, elle constatait :

« Tu es bête. Tu passes pour être intelligente, mais moi je sais que tu es bête. Bête comme tout. »

J'opinais.

Nous plaisantions souvent sur notre vieillesse

commune qui allait être savoureuse, nous n'en doutions pas.

Délivrées des hommes, des enfants, du travail, « des vieilles dames indignes, disait-elle, voilà ce que nous serons ».

Raconté par elle, le dernier âge devenait une sorte de paradis auquel nous finirions par accéder ensemble dans un futur lointain.

J'étais, comme toujours, moins optimiste que Douce mais à peine. En tout cas, j'étais sûre d'elle. Elle serait là. Elle avait toujours été là.

Et puis un jour, son mari m'a appelée.

— Douce a la grippe. Elle voudrait vous voir.

Tout le monde avait la grippe cet hiver-là. Elle était couchée depuis une semaine, dans ce lit bleu qu'elle avait elle-même dessiné, bordé de draps brodés d'autrefois. Le médecin souhaitait qu'elle fût transportée dans un endroit plus propice à une série d'examens. Il ne comprenait pas cette grippe-là.

Douce avait un regard magnifique, un regard confiant, un regard innocent que toute l'horreur du monde vécue deux ans dans un camp de concentration n'avait pas réussi à ternir. A teinter de scepticisme sur la beauté de la vie et la bonté de Dieu.

Elle a planté ce regard, noir et triste soudain,

dans le mien. Et j'ai su, là, j'ai su en un éclair qu'elle était perdue.

Elle est morte quinze jours plus tard, à l'hôpital, un matin. Trois personnes s'affairaient autour d'elle pour tenter de lui faire reprendre connaissance. J'ai dit : « Ah! laissez-la tranquille, je vous en prie! »

Nous sommes restées seules. C'était fini. J'ai touché son visage. Ses mains. Son bras meurtri par les perfusions.

Au moins, les choses avaient été vite. Douce faisait tout avec simplicité. Même les cancers.

Dès lors qu'elle était atteinte, elle n'avait sûrement pas mobilisé ses ressources pour s'éterniser dans la souffrance.

Douce avait le génie du bonheur et en produisait comme d'autres produisent du malheur.

J'ai pensé que je n'avais plus rien à faire dans cette chambre d'hôpital et j'en suis sortie, orpheline, désormais, pour l'éternité.

Je n'ose pas écrire : adulte.

A n'avoir été, dans l'enfance, ni dominée ni contrainte, sinon par ce bon vieux Fort intérieur, j'ai dû contracter l'irrévérence envers les symboles du pouvoir, ses incarnations. Pères — de la Patrie — Présidents, Patrons, Maîtres, Chefs, Guides, Supérieurs en tous genres. Des hommes, toujours des hommes.

Je peux attacher mon char à une étoile, pas à une ampoule, respecter un homme parce qu'il est respectable, non par égard pour sa fonction.

J'ai conscience de n'y être pour rien, de n'avoir pas mérité par mes efforts ou mes combats cette liberté-là. Liberté, parce qu'il n'y entre pas de révolte. Rien que de l'indifférence. Elle m'a été donnée, de sorte que je peux en observer tranquillement les effets.

Elle ne fait rien pour le confort. Au contraire.

Il suffit de voir avec quelle promptitude les groupes humains — mais les singes, c'est encore pire — se donnent un leader pour comprendre qu'il n'est pas « naturel » d'être autonome.

Qu'il est plus « naturel » de s'en remettre à plus haut ou plus fort ou plus combatif que soi.

L'irresponsabilité a ses délices, la passivité ses attraits, la docilité ses jouissances.

Docile vis-à-vis de quoi, passive avec qui, soumise à qui, ce n'est pas le moindre problème lorsqu'on ne sait plus confondre l'homme avec ses attributs, du plus banal — son sexe — au plus prestigieux.

Sans doute les choses sont-elles plus simples pour celles qui affectent spontanément le masculin du signe plus, ou qui ont été entraînées à le faire.

Faut-il préciser que la haine de l'homme n'est que l'envers d'une envie dévorante de se substituer à lui?

Dans cette description désormais familière du vaste complot que le sexe masculin aurait, dans son entier et dans tout l'univers, fomenté pour tenir les femmes asservies, il y a quelque chose qui rappelle Voltaire, faisant du religieux un « complot de curés fourbes et avides ».

Mais c'est une autre histoire.

Je crois qu'il y a encore, en toute femme, à des degrés divers, une courtisane infuse, plus ou moins douée, qui use avec plus ou moins de bonheur de toutes les feintes. Celles qui la rendront désirable, et celles qui ressusciteront son attrait en renouvelant son plumage; celles qui l'aideront à hurler d'extase au milieu d'une étreinte maladroite, comme à exprimer avec une sobre conviction l'admiration qu'il est dans son emploi d'éprouver devant tout exploit physique, intellectuel, commercial pourquoi pas.

Plus elle est perspicace, mieux elle sait simuler, mieux elle détecte les plaies que ses baumes apaiseront.

Les bonnes amoureuses le font sans effort et sans réflexion aussi longtemps qu'elles sont gratifiées, en retour, du salaire qu'elles attendent, si variable qu'on ne saurait le décrire.

Les bonnes courtisanes savent mieux ce qu'elles font mais ne font pas autre chose.

Ne critiquant jamais leur fragile Narcisse, agnelles avec lui, tigresses avec l'ennemi réel ou supposé, sachant ne mettre en valeur que ce par quoi elles sont flatteuses pour leur propriétaire du moment, quand elles blessent c'est qu'elles ont flairé le masochiste. Ou qu'elles sont frustrées de leur récompense.

Alors elles deviennent, au sens propre, insupportables et cessent d'ailleurs d'être supportées.

Les seules femmes plus intolérables que les femmes qui pleurent sont celles qui ont le regard froid.

Les dévotes sont les courtisanes de Dieu, les militantes les courtisanes d'un dieu et voilà comment Marx fait des enfants à sa bonne.

Il y a des courtisanes nées, d'autres qui le deviennent avec un homme et pas avec un autre : ne vaut pas l'effort.

Et puis il y a les femmes nouvelles, celles qui n'ont plus la patience, le talent, le don, que sais-je... Celles qui refusent l'oblation comme moyen sournois de domination, celles que lasse l'éternelle comédie des femmes, comédie non dépourvue cependant de ces satisfactions raffinées que procure l'imposture.

Mais la négation de soi, l'interdiction d'être qui l'on est, d'avoir des poils aux jambes, de la graisse au ventre, des seins fléchissants, des oreilles pour entendre le faux, une bouche pour dire le vrai, le maquillage permanent du corps, du visage, du langage, est-il possible que ce soit cela, être une femme? Mais alors, qui suis-je?

Une race nouvelle prolifère, incapable de faire allégeance au mythe de l'homme-dieu, incapable en même temps de s'en passer.

Dans un essai remarquable, publié il y a une trentaine d'années, un anthropologue anglais, Geoffrey Gorer, décortique ce qui fait le fond de l'originalité des Etats-Unis et de ses citoyens par rapport à l'Europe dont ils sont cependant tous issus.

Constatant qu'il n'existe pas de société moins hiérarchisée, de pays où l'autorité avec un grand A soit moins pratiquée, plus suspecte, moins tolérée lorsqu'elle se manifeste, moins présente dans ses aspects formels, il en donne l'explication suivante :

La première génération, dit-il, était entièrement composée d'hommes qui, pour quelque raison, rompaient délibérément toutes attaches avec leur culture, leurs traditions, leurs origines, leur langue et qui voulaient, en émigrant, devenir de « vrais » Américains.

Mais quelle que soit la plasticité d'un être humain, il ne se remodèle jamais complètement. C'est donc à la seconde génération que la première a confié la charge d'être ce qu'elle-même n'avait jamais été.

Le petit homme devait, comme partout ailleurs, s'identifier à l'homme adulte, mais uniquement comme sujet mâle. Pour le reste, loin de chercher à faire des fils à leur image, qui les prolongent, les pères les ont farouchement voulus différents.

Loin d'être encouragés à reproduire le modèle paternel, les Américains de la seconde génération n'ont appris qu'à s'en écarter pour devenir « complètement » américains. Loin de transmettre un passé, une tradition, un langage, leurs pères ont occulté ce qui en eux demeurait.

Ils ont placé leur fierté dans le fait que leurs fils soient « autres ».

Cette abolition individuelle déterminée du patriarcat, unique dans l'histoire, suivie du rejet collectif du « modèle anglais », du pays-père colonisateur, aurait définitivement implanté dans la conscience américaine la détestation de l'autorité.

Il fallait cependant, à l'intérieur de la communauté, que des pouvoirs s'exercent pour que les institutions fonctionnent. Les auteurs de la Constitution circonscrirent soigneusement les limites dans lesquelles le pouvoir gouvernemental peut se manifester.

Il a licence d'opérer sur les choses. Mais parce que toute autorité sur les personnes est jugée intrinsèquement mauvaise et dangereuse, tout individu qui en détient une part doit être placé sous surveillance constante, comme on le fait d'un ennemi potentiel.

La familiarité superficielle des manières américaines, le patron que l'on appelle par son prénom, les grandes claques dans le dos, l'absence de tout protocole, de toutes distances formelles, est une façon de se rendre acceptable pour celui qui détient quelque autorité.

Le président des Etats-Unis n'est jamais, on le sait, ressenti comme le « père de la nation », le guide, le protecteur.

Il est non seulement désigné mais vécu comme une coopérative choisirait le plus apte de ses membres à remplir une fonction nécessaire.

Gorer va jusqu'à attribuer à l'horreur de l'autorité patriarcale, à la méfiance du goût pour l'autorité lorsqu'il est détecté chez un homme, l'exécration dans laquelle fut tenu Franklin D. Roosevelt par une partie de ses concitoyens. Et il remarque qu'il n'y a pas de pays où la fonction politique soit moins valorisée, l'homme politique plus suspect. On lui pardonne plus aisément la prévarication que le moindre signe de césarisme.

Il fallait aussi, à l'intérieur de la communauté familiale, que quelqu'un récompense et punisse, dise le bien et le mal, socialise l'enfant avant qu'il soit en état — le plus tôt étant le mieux — de devenir autonome, responsable de lui-même.

Ce rôle a été entièrement dévolu à la Mère, relayée par l'Institutrice. C'est-à-dire à des femmes. Femmes idéalistes, mères idéalisantes porteuses de valeurs morales plus rigides que celles des hommes, qui forment la conscience des garçons et avec lesquelles, à l'âge adulte, ils ont quelque peine à se débrouiller lorsqu'elles entrent en conflit avec l'impitoyable brutalité du monde viril.

Les Américains sont, d'abord, les fils de leur mère.

Mais l'autorité maternelle, tempérée par la tendresse, l'indulgence, la compréhension, n'a jamais le caractère terrifiant de l'autorité paternelle volontairement minorée.

Enfin, l'antimilitarisme spontané d'un peuple par ailleurs violent et rude découlerait de la même répugnance à l'égard de l'autorité.

Un soldat américain, dit Gorer, garde toujours un plus mauvais souvenir de ses officiers que des adversaires qu'il a dû combattre.

Cette analyse, ici sommairement rapportée, est ancienne. Mais il semble que rien ne soit venu l'infirmer. L'Amérique a été le lieu de la seule révolution culturelle des temps modernes. C'est ce qui la rend insaisissable à tant d'Européens.

Je crois aussi vain de la caricaturer en s'imaginant qu'on lui ressemble, qu'il est sot de la dénigrer.

Je crois également que, là-bas comme ici, il y a corrélation étroite entre organisation familiale et système de gouvernement, ni l'une ni l'autre n'étant « naturel ».

Je crois enfin que la monarchie domestique fondée sur le patriarcat est, de façon inégale mais générale, en voie de désagrégation.

Elle existe encore fortement en France, et plus fortement encore en **U.R.S.S.** où les femmes, assurées de leur autonomie économique, divorcent pour s'y dérober, à une cadence qui ne cesse de s'accélérer. Mais elle est ébranlée, et cet ébranlement ne se poursuivra pas sans être accompagné ou sans accompagner des attitudes nouvelles de tous les citoyens à l'égard des détenteurs de pouvoir.

Croire qu'il s'agit d'une part de mœurs, d'autre part de politique, c'est oublier que les unes et l'autre n'ont jamais cessé de se confondre, de se rejoindre, de s'illustrer réciproquement.

D'où vient-il, cet ébranlement, alors que les Françaises, en particulier, se sont si longtemps accommodées de cette monarchie domestique? Qu'elles acceptent encore, par exemple, l'interdiction qui leur est faite de transmettre leur nom?

On sait que les femmes n'ont pas de nom, même lorsqu'elles s'en font un, puisqu'elles ne peuvent pas le donner.

Je crois que le « qui suis-je? », antique interrogation des hommes, est entré dans le champ de leur angoisse avec l'irruption de la pilule dans la pharmacopée, et accessoirement, de l'équipement ménager dans leur maison.

Que l'on brocarde les fanatiques du gadget en rappelant que la majeure partie du mobilier domestique — l'âtre, le coffre, les lits, les chaises, les ustensiles de cuisine, les récipients à boire, les couvertures, les tentures — est antérieure à notre ère et que nous aurions plus de peine à nous en passer que de grille-pain ou de machine à laver, soit.

Mais il ne faut pas confondre les effets de la technologie sur le sort des femmes et sur celui des hommes, car ils sont incommensurables.

Fourmis affairées aux mains gercées, les femmes sont délivrées du plus gros de leur servitude : plus de feu à entretenir, d'eau à tirer, de lessiveuses à soulever, de tapis à battre, de laine à filer, de chaussettes à repriser, de bougies à extraire du suif, et quoi encore...

Les ménagères ne produisent plus, elles consomment. Si pesante est encore leur culpabilité lorsqu'elles desserrent le piège du foyer pour prendre un travail rémunéré qu'elles vont, nombreuses, assurant que leur salaire sert à payer les traites du logement acheté à crédit.

Dès lors qu'il s'agit de « la maison », de « l'intérieur », elles restent, en somme, fidèles à leur fonction traditionnelle et ne mettent pas fondamentalement en cause la nature de cette fonction, leur rapport à elles-mêmes et à la société.

Mon grand-oncle Adolphe, qui avait cinq sœurs assorties chacune de plusieurs enfants, décréta un jour où l'une de ses nièces émit le vœu de s'employer : « Moi vivant, jamais une femme de ma famille ne travaillera! »

Il mourut à temps pour que son bras protecteur et les débris de son héritage ne s'étendent pas jusqu'à moi.

Il va de soi que le cher homme, tout hostile qu'il fût au travail des femmes de sa lignée, ne trouvait pas mauvais qu'il y eût des ouvrières dans ses usines, des standardistes au téléphone, des servantes dans sa cuisine, des blanchisseuses pour empeser ses plastrons.

Les conditions du travail féminin étaient alors et sont encore telles, les entraves si nombreuses à une activité gratifiante, que les liens de la dépendance économique à l'homme en sont seulement détendus.

Pour assurer son autonomie financière, il faut en avoir, aujourd'hui encore, la farouche détermination. Il n'est pas évident que l'ensemble de la population féminine française vise cette autonomie et conçoive le travail rémunéré autrement que comme une contribution au bien-être matériel de la famille.

La pilule, c'est autre chose. Une rupture avec l'ordre éternel, dont on commence à peine à présumer les conséquences.

C'en est peut-être une vague prescience qui rend tant d'hommes hostiles à l'idée d'abandonner à leurs compagnes le contrôle de leur fécondité.

Commodité? Sans doute, mais combien ambiguë, celle qui est abdication du plus ancien des droits et des pouvoirs. Comment ne le voient-ils pas, ceux qui vont assurant que la contraception est de pratique ancienne et que seuls les moyens ont changé?

Ce qui a changé, c'est l'auteur de la décision.

Le contrôle de la fécondité exercé par la femme suppose qu'elle puisse faire l'amour avec un homme tout en le récusant comme père potentiel, qu'elle réserve ce rôle à un autre si, un jour, elle veut des enfants.

Retournement intéressant d'une situation bien connue. Combien d'hommes se sont déclarés fous d'amour sans admettre un instant, cependant, que l'objet de leur emportement puisse être la mère de leurs enfants?

Voici donc les femmes engagées dans un face à face avec leur sexualité, atrophiée au long des siècles avant d'être brusquement déclarée « libérée ».

Dure épreuve. C'est peu de dire qu'elles la supportent mal. Que bien des attitudes féminines vis-à-vis de l'avortement sont pour le moins équivoques. Le droit qu'elles revendiquent est, en quelque sorte, le droit à l'irresponsabilité de leurs actes, c'est-à-dire à l'infantilisme prolongé.

Faut-il que celles-là aient besoin de se vouloir forcées, étrangères en somme à ce qu'elles font quand elles ouvrent leurs cuisses.

Heureuse la femme du paléolithique dont le mode de vie fut marqué, si l'on en croit l'art des cavernes, par un exubérant déploiement de sexualité déjà cérébralisé, puisque des images symboliques en conservent l'émoi, en prolongent les effets dans l'esprit au lieu de le laisser se dissiper dans la copulation immédiate.

Heureuse la femme du néolithique, objet d'un culte religieux exaltant le corps et les fonctions sexuelles de la femme en tant que source suprême de toute créativité.

La femme de l'ère chrétienne, la nôtre, a été niée dans sa sexualité au point que le Christ ne saurait être né que d'une Vierge née elle-même par opération du Saint-Esprit.

Le mode le plus ancien de communion, de conjugaison, de fusion, est souillure, le diable loge dans l'utérus.

N'est-il pas intéressant que, pour priver Jeanne d'Arc de son magnétisme, les juges de Rouen aient tenté d'organiser son viol? Plus de vierge, plus de Jeanne.

Même le Talmud, qui n'encourage pas précisément à la débauche, recommande au bon époux d'attendre l'orgasme de son épouse avant d'y céder lui-même. Rien de tel ne risque d'être déniché dans les épîtres de saint Paul.

Vingt siècles d'imprégnation des esprits par l'Eglise, qui assimile le plaisir des sens au péché, ont modelé l'inconscient collectif. Ils ne s'effaceront pas en quelques années de pilule, laquelle demeure, d'ailleurs, interdite par le Vatican.

Le fameux « continent noir » de la sexualité féminine, où errent les grandes hystériques et les adolescentes anorexiques, les vraies lesbiennes et les fausses frigides, les dévotes et les simulatrices, les mal baisées et les mystiques, le fameux continent noir commence à peine à être exploré.

Il ne faut pas avoir peur de l'inconnu pour s'y aventurer.

Mais je crois que, quelque part, on y trouvera ce qui, aujourd'hui, n'existe pas ou si peu. La Femme. Pas la Mère, pas la Vierge, la Femme, non mutilée.

Que peut-on attendre des femmes si elles arrivent à émerger massivement des attitudes traditionnelles que commande la combinaison de folliculine et de conditionnement culturel?

L'hypothèse pessimiste est suggérée par l'épopée babylonienne, le combat sanglant de Mardouk avec la sauvage Urmutter, qui révèle ce que Lewis Mumford a appelé « le versant ténébreux de la domination féminine ».

En prenant la direction de la transformation culturelle qui a accompagné la domestication des bêtes, l'*animus* masculin latent de la femme, écrit-il, doit souvent être venu au premier plan.

Dans plus d'un mythe, elle s'est incarnée en une figure puissante, accompagnée de lions, furie vengeresse, déesse destructrice, comme Kali la dévorante dans la religion hindoue. Tandis que le principe mâle, dans le mythe de la Grande Mère, est représenté comme mineur, un accessoire, mais guère un compagnon égal.

« Oublier cet aspect des triomphes de la femme dans la domestication serait enjoliver et falsifier toute l'histoire », ajoute Mumford.

Faut-il en déduire que, si les femmes étaient mises en situation de se faire entendre dans la conduite des affaires de la communauté, elles développeraient en même temps leur « animus masculin », leur composante virile, libéreraient violence et agressivité, et s'approprieraient en somme les valeurs dites masculines au détriment de leurs compagnons?

Le renversement pourrait être piquant. Mais l'histoire du monde n'est, après tout, que celle de la survie de l'espèce à travers tous les dangers qui l'ont menacée d'extermination.

Le véritable triomphe de la femme, s'il doit s'inscrire dans le prochain siècle, serait plutôt de substituer des valeurs nouvelles à des valeurs viriles exténuées.

Je ne crois qu'à la révolte des femmes pour nous épargner le feu thermonucléaire.

Encore ne suis-je pas sûre que l'on puisse compter sur elles.

Il faudrait en savoir davantage sur les sources de l'horreur que, très généralement, la violence leur inspire. Peut-être la repoussent-elles parce qu'elles en ont été traditionnellement les victimes, celles qui subissaient, et non les initiatrices, celles qui la commandaient?

J'ai gardé un souvenir épouvanté d'une scène vécue il y a bien des années, aux confins du Sahara.

Nous étions là un petit groupe où se trouvait, entre autres, Saint-Exupéry, munis d'un véritable arsenal destiné aux prises de vues d'un film.

Quelques-unes des armes avaient été chargées à balles parce qu'on avait signalé des mouvements de rebelles — des « salopards » disait-on — dans la région.

Une mitrailleuse avait été mise en batterie dont Saint-Ex m'avait montré le maniement.

Les dunes de sable s'étendaient à perte de vue. Soudain, derrière l'une d'elles, surgit un cavalier, puis un autre, puis un troisième, puis... Il y eut un bref mouvement de panique lorsqu'il fut manifeste qu'ils épaulaient dans notre direction.

Chacun se saisit d'une arme... Accroupie derrière la mitrailleuse, j'ai ajusté la visée. Et, comme mes compagnons, j'ai tiré.

Tout le magasin.

Quarante ans après, j'ai encore, dans les bras, les épaules, la poitrine, le souvenir du frémissement, de l'excitation, de la volupté — il n'y a pas d'autre mot — déclenchée par ce tir qui n'atteignit personne... Nos cibles s'étaient dissipées dans le sable.

Horrible. Horrible ce que l'occasion peut débusquer au fond d'une bonne petite jeune fille pacifique et plutôt portée à soigner les blessés qu'à en faire.

Alors, les femmes et la violence...

Il faudrait en savoir davantage sur la vérité de leur relation.

Je crois cependant que, globalement et de sang-froid, elles ont davantage le respect de la vie. Et peu importe que ce respect soit biologique ou culturel s'il triomphe de la virilité meurtrière de leurs compagnons.

Peut-être l'administration obligatoire de « modificateurs de conscience » à tous ceux qui disposent, de par le monde, d'un pouvoir et qui en usent pour transformer leur agressivité en actes, serait-elle plus sûre.

Apaisés, ils deviendraient calmes, gracieux, indifférents et se mettraient à jouer au ballon au lieu de jouer aux hommes. Sans organiser de compétitions.

A leur conduite pacifique, ils trouveraient des explications logiques, comme ils en trouvent dans leur état habituel à leur conduite d'attaque.

Des prophètes ont décrit ce futur où le conditionnement approprié des enfants, accompagné de traitements chimiques, créeraient les meilleurs des citoyens dans le meilleur des mondes.

Si l'on tient pour valeur suprême la survie de l'espèce humaine, cela vaudrait mieux que de l'exterminer par le feu thermonucléaire. Mais futur pour futur, je préfère croire à l'avenir d'un monde où le modificateur de conscience sera la connaissance. Le savoir des hommes sur eux-mêmes.

Il y a, me semble-t-il, quelque espoir à placer dans le fait que les chefs des puissances qui sont, aujourd'hui, les agents de l'Histoire se montrent de moins en moins belliqueux. Ils ne renoncent pas à s'entre-menacer, ils accumulent les armes de la violence, ils ne s'en servent pas.

Du temps que l'on pouvait s'affronter sans mettre en danger l'existence même de l'humanité, il y a belle lurette que quelque « affront » aurait exigé qu'au nom de l' « honneur » l'insulté réponde au canon.

Mais l'arme nucléaire est là, et le désir de mort reste suspendu...

Je crois à l'avenir de la non-violence collective. Non parce que l'Homme deviendra bon mais parce que la violence thermonucléaire n'a pas d'avenir. Parce que le prochain des grands incendies de l'Histoire pourrait en être aussi le dernier. Et que nous le savons.

La non-violence individuelle est la seule attitude que, pour ma part, je respecte entièrement, et que je voudrais être capable d'observer. Non par grandeur d'âme. Le pardon spontané des offenses n'est pas dans mes moyens.

Mais par conviction que c'est la Voie Royale qui conduit à la paix. Paix en soi et avec les autres.

Hélas, la paix en soi serait-elle accessible
qu'il faudrait d'abord se défaire du goût de la
justice.

Bien évidemment, ce qui porte le nom de Dieu
n'est pas égalitaire. Il a fait le lion et la souris,
l'églantine et le pissenlit, le blanc et le noir,
l'homme et la femme. Ou alors, il n'a rien fait
du tout.

La justice, ici et maintenant, est une exigence
profane.

Quand personne n'est plus sûr que les chameaux
ne passent pas par le chas d'une aiguille, nul
n'attend plus dans la résignation les promesses
de l'Au-delà.

« L'essentiel de la révolte est de substituer le
royaume de la justice à celui de la grâce. »

Folle entreprise. Il ne s'agit de rien moins que

de construire un autre monde, ou du moins d'y contribuer, de jouer à l'homme-dieu.

Je ne crois pas que la justice règne jamais parce que l'injustice n'est pas dans les lois, elle est en chacun de nous.

Je ne crois pas qu'il y ait jamais eu belle époque et bonne société, celle où la part de la douleur des hommes aurait été réduite à son noyau infra-cassable.

Il n'y a eu que le silence sur cette douleur.

Le silence, aujourd'hui, est déchiré et la grande rumeur qui monte de la Terre « grave et souffrante » se fait chaque jour plus stridente.

Certains, il est vrai, ont l'oreille plus dure que d'autres. Ou bien, obnubilés par leur rumeur intérieure, ils n'entendent qu'elle et ne laissent aucun gémissement venu de l'extérieur en perturber la symphonie.

Mais quel Goethe oserait dire de nos jours — publiquement du moins — qu'il préfère une injustice à un désordre sans se faire crever les yeux?

Je le dirais cependant, si c'était le cas. Mais je suis malade, moi aussi. J'ai le mal de justice. Le haut mal de notre temps.

Il paraît qu'en vieillissant les symptômes s'atténuent, que l'on se fait doucement à la souffrance, l'humiliation, la misère qui n'atteint *que* les autres.

Mais si « se faire » n'était qu'une manière de se défaire?

Cette lente et inexorable dégradation qui dissout les muscles, détend l'épiderme, empâte la taille, flétrit les mains, affaiblit la vue, raccourcit le souffle, déforme les articulations, peut-être n'est-elle que l'aspect visible d'une autre dégradation, invisible, d'un processus parallèle qui éteint, au cœur, la flamme de la révolte.

Je crains qu'il y ait, chez moi, des ratés dans le synchronisme.

Il m'arrive néanmoins d'en constater les effets.

Dans une ville du midi de la France où je me rends souvent vivent de nombreux travailleurs immigrés.

Ils y sont, je crois, moins malheureux qu'ils ne le seraient à Paris, parce qu'on se sent toujours moins dépourvu sous le soleil.

Mais parfois, les soirs de grande chaleur, j'en vois un ou deux, accoudés aux remparts qui surplombent la mer.

De grands yachts orgueilleux y sont allongés, princes du port.

Ils ne s'intéressent pas aux yachts qui appartiennent à un autre univers. Mais leur regard s'attarde parfois sur les couples qui passent, main dans la main. Eux, ils sont seuls. Loin de leur pays, de leur famille. Seuls.

Je n'ai jamais croisé l'un d'eux sans un serrement de cœur. Mais je n'ai jamais dit à l'un ou l'autre : « Venez dîner un soir à la maison... »

Je crois qu'il y a dix ans, je l'aurais fait.

Ce doit être le signe que, maintenant, dans ce qui dit « Je », l'envers vaut l'endroit.